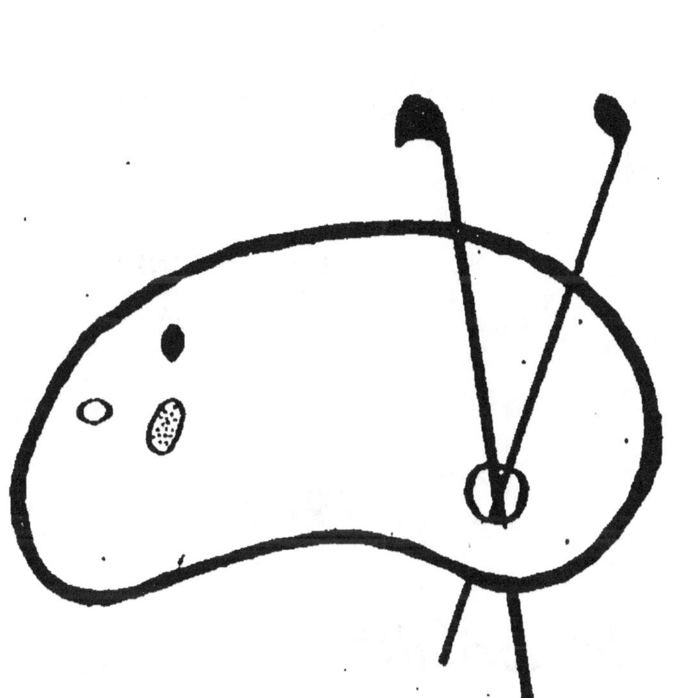

DEBUT D'UNE SERIE DE DOCUMENTS
EN COULEUR

Wilhelm SCHNEIDER

évêque de Paderborn

Preuves
de
l'Immortalité de l'Âme

Adapté de l'Allemand

par Germain GAZAGNOL

du Clergé d'Albi

BLOUD & Cie

S. et R. 634

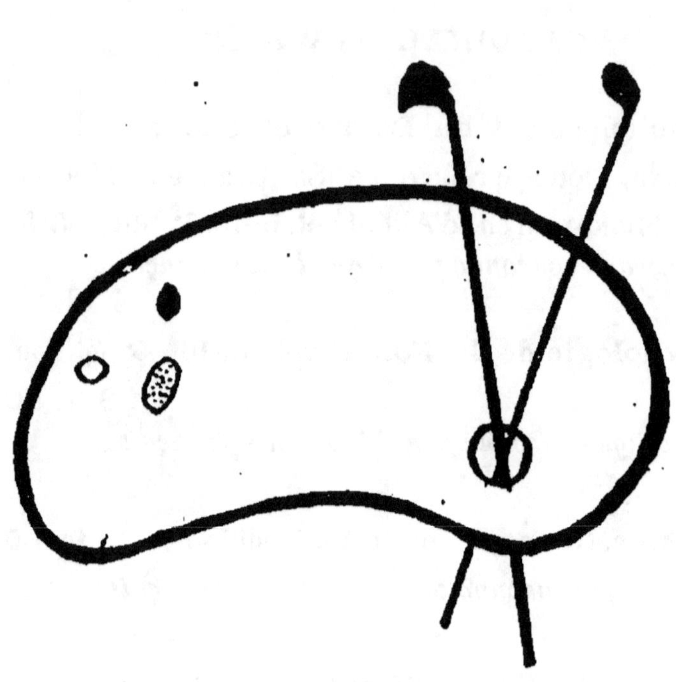

FIN D'UNE SERIE DE DOCUMENTS
EN COULEUR

PREUVES
de l'Immortalité de l'Ame

MÊME SÉRIE

Wilhelm SCHNEIDER

Évêque de Paderborn

PREUVES
de l'Immortalité de l'Ame

Adapté de l'Allemand

PAR

Germain GAZAGNOL

du Clergé d'Albi.

PARIS

LIBRAIRIE BLOUD & Cⁱᵉ

7, PLACE SAINT-SULPICE, 7

1 ET 3, RUE FÉROU — 6, RUE DU CANIVET

1912

Nihil obstat
L. B.

IMPRIMATUR
Albiæ, die 13ª octobris 1911.
L. BIROT, vic. gén.

L'Immortalité de l'Ame

« Celui dont le sens aveugle nie l'avenir
Se condamne lui-même : il est écrit dans ton cœur
Que ta vie est immortelle, ou bien,
La nature, trompant ses fils, n'a écrit
Que des fables et l'homme est un mensonge(1) ! »

Importance de la question.

Tout être vivant aime sa vie. Mais tandis que l'animal ne connaît point la crainte de la mort, l'homme s'épouvante à la pensée de mourir un jour. Aucune question ne le saisit avec plus de force, aucune ne fixe davantage et plus souvent son esprit que celle-ci : qu'adviendra-t-il de moi après ma mort ? continuerai-je à vivre ou non ? Suivant la réponse qu'on fait à cette question la vie terrestre apparaît comme un bien estimable ou comme une plaisante comédie.

En tout cas, le doute dans une matière si importante est plus qu'une faute, c'est un malheur, parce qu'il est une faiblesse et une maladie de l'esprit. Nous le lisons dans Parsival : « Lorsque le doute habite le cœur, l'âme en est comme endolorie. » Quant à l'indifférence relativement aux choses de l'au-delà jointe à une préoccupation excessive des intérêts de la terre, c'est un état d'âme anormal, qui ne nous étonne si peu que parce qu'il est hélas ! devenu trop commun. Il en est même qui vont jusqu'à tirer vanité de cette indifférence et à en faire

(1) Edward YOUNG, *Pensées de la nuit*, 7ᵉ nuit.

parade comme d'un luxe à la mode, c'est là une déformation peu explicable de l'esprit.

Blaise Pascal dit dans ses *Pensées* (1) : « L'immortalité de l'âme est une chose qui nous importe si fort, qui nous touche si profondément, qu'il faut avoir perdu tout sentiment pour être dans l'indifférence de savoir ce qui en est. Toutes nos actions et nos pensées doivent prendre des routes si différentes, selon qu'il y aura des biens éternels à espérer ou non, qu'il est impossible de faire une démarche avec sens et jugement, qu'en la réglant par la vue de ce point, qui doit être le dernier objet. » Pascal fait ensuite la différence entre ceux qui travaillent de toutes leurs forces à s'instruire sur cette question et ceux qui vivent sans s'en mettre en peine et sans y penser. Pour les premiers, il n'a que de la compassion, pour les seconds, il est plus irrité qu'attendri ; leur négligence l'étonne et l'épouvante. « C'est vraiment un grand malheur que d'être dans le doute sur cette question ; mais c'est au moins un devoir indispensable de chercher quand on est dans ce doute ; ainsi celui qui doute et qui ne cherche pas est tout ensemble bien malheureux et bien injuste. Que s'il est avec cela tranquille et satisfait, qu'il en fasse profession et enfin qu'il en fasse vanité, je n'ai pas de termes pour qualifier une si extravagante créature. Quel sujet de joie trouve-t-on à n'attendre plus que des misères sans ressource ? Quel sujet de vanité de se voir dans des obscurités impénétrables ? »

Réponse de la raison.

La raison donne une réponse à la question de mes fins dernières : « Je ne mourrai pas tout entier, puisque je ne suis pas tout entier matière (2). » Seule « la poussière revient à la terre d'où elle est sortie, mais

(1) PASCAL, *Pensées*, Ed. Havet, p. 157 et ss.
(2) HORACE, *Odes*, III, 30, 6.

l'esprit revient à Dieu qui nous l'a donné (1). » La mort n'a de prise que sur ce qu'il y a de terrestre en moi, et c'est la seule proie qu'elle emporte au tombeau ; sur ce qui constitue mon être et mon essence propre, sur mon moi elle n'a aucune puissance.

Mon âme ne doit pas mourir, mais vivre éternellement. Comme cette pensée élève et réconforte ! La mort par conséquent, qui m'enlève ici un parent ou un ami fidèle et qui déjà frappe à ma porte, ne m'annonce pas la fin de la vie mais le passage à la vraie vie ; ce n'est que la fin de mon existence terrestre si imparfaite et le commencement d'une existence plus élevée et plus parfaite, la naissance à une nouvelle vie.

Or tout enfantement est pénible et douloureux : la mère souffre lorsque se dénouent les liens qui attachaient l'enfant aux entrailles maternelles, nous souffrons quand se brisent les chaînes qui nous retenaient, nous, pèlerins, attachés à la motte de terre. Au seuil de la nouvelle patrie l'esprit immortel rejette tout bagage importun pour rester libre et sans entrave dans le royaume de l'éternité. Cette espérance bienheureuse est déposée au fond du cœur de tout homme et lui fait accepter, sinon avec joie, du moins avec résignation, les nécessaires épreuves de l'agonie. Au croyant la mort n'apparaît plus comme un voleur qui effraye, mais comme une libératrice qui émancipe enfin notre esprit immortel.

Lorsque saint Basile, archevêque de Césarée, fut mort, son frère, saint Grégoire de Nysse, se rendit chez sa sœur sainte Macrine pour se consoler avec elle de cette perte cruelle. Sous la forme d'un dialogue avec cette vierge consacrée à Dieu il nous a laissé une magistrale dissertation sur l'âme et la résurrection, où il se révèle à nous comme l'humble disciple de sa sœur.

« N'est-ce pas troublant jusqu'aux larmes, objecte-t-il à sa sœur, de voir un homme qui tout à l'heure parlait encore, se mouvait encore, et répondait à haute voix, étendu là tout à coup muet, sans mouvement, privé de sa conscience et de ses sens. L'énergie vitale a soudain

____

(1) *Eccl.* XII, 7.

disparu et l'on ne sait pas où elle s'est envolée, ni où elle s'est cachée, semblable à la flamme qui ne reste plus au flambeau et ne s'enfuit pas autre part, et cependant cesse d'exister : n'est-ce pas souverainement triste ? Lorsque l'âme se sépare du corps, nous ne voyons que ce qui reste et va tomber en décomposition, mais elle, où est-elle donc ? a-t-elle été transformée et en quoi ? est-elle passée dans l'air, dans l'eau, dans un être quelconque de la nature ? » En réponse à ses objections, Macrine fit un signe pour lui imposer silence, tandis qu'elle ajoutait : « Crains-tu donc que l'âme ait cessé d'exister, qu'elle soit anéantie (1) ? »

Possibilité et convenance de l'immortalité de l'âme.

L'âme peut continuer à vivre après la mort. Elle n'est pas formée de matière ; elle est, de sa nature, incorporelle et simple ; elle n'est donc pas soumise à la loi de la décomposition. Elle ne peut pas davantage s'anéantir par une décroissance progressive, ainsi que l'a affirmé Kant contre Mendelssohn ; car elle n'est pas une « *grandeur intensive* » dans le sens d'une force sans être et sans essence personnelle, mais elle est une essence pleine de force. Sa mort ne pourrait donc arriver que par un anéantissement total ; l'âme devrait totalement cesser d'exister sous une forme quelconque, elle devrait retomber dans le pur néant ; mais ce serait là une mort dont on ne voit pas d'exemple dans la nature.

Le négateur de l'immortalité ne cesse de répéter : tout le reste passe, pourquoi donc l'âme continuerait-elle à exister ? Mais ici, la vérité se trouve précisément dans le contraire de ce qui paraît. L'être ne peut arriver de lui-même au non-être, pas plus que le non-être ne peut entrer de lui-même dans l'être. La science exacte de la nature nous enseigne que toute disparition et toute cor-

____

(1) Grég. Nyss., *De anima et resurrectione dial.*

ruption n'est pas autre chose qu'un changement de matière, une décomposition de l'être en ses éléments constitutifs. Dans la nature, rien ne naît de rien, et rien ne disparaît au point de n'être plus rien ; tout ne fait que prendre d'autres formes, de sorte qu'il y a toujours dans la nature la même quantité de matière et de forces. C'est pourquoi les savants modernes ont appelé la mort un phénomène d'accommodation. Rien dans la nature, rien dans l'univers ne disparaît ; nulle part, pas même dans les plus petits atomes il n'y a d'anéantissement total. La lumière qui s'éteint, par exemple, ne disparaît pas absolument ; les molécules embrasées qui forment la flamme ne cessent que de briller, et pendant qu'elles se refroidissent, elles s'envolent dans l'air pour y participer à de nouvelles combinaisons. Ce que nous appelons la mort n'est pas autre chose que la décomposition du corps en ses parties, dont pas une ne se perd. Où est donc la puissance qui pourrait anéantir un petit grain de sable, au point qu'il n'en restât plus rien ? Posséder une telle puissance, ce serait être Dieu ; car créer quelque chose de rien n'est pas une œuvre plus grande que de réduire quelque chose absolument à rien.

« Toute mort dans la nature est une naissance, dit J.-G. Fichte (1), et c'est précisément dans la mort qu'apparaît visiblement l'élévation de la vie. La nature ne renferme aucun principe de mort, car la nature n'est que vie pure et sans mélange. Ce n'est pas la mort qui tue, mais c'est la vie plus vivante, qui, cachée derrière la vieille vie, commence à se développer. La mort et la naissance ne sont que des combats de la vie avec elle-même pour se transfigurer progressivement, tout en restant semblable à elle-même. Il n'est pas possible de penser que la nature doive détruire une vie qui n'émane pas d'elle ; car la nature vit pour moi, et je ne vis pas pour elle... Ce que le mortel appelle la mort est le phénomène visible d'une nouvelle vivifica-

____

(1) J.-G. FICHTE, *Bestimmung des Menschen*. Œuvres, Berlin. 1845, t. II, p. 319.

tion. Le fantôme de la mort est le guide que suit l'œil de mon esprit pour arriver à une nouvelle vie et à une nouvelle nature de moi-même. »

Dans ces derniers temps, C. Teichmuller s'est appuyé sur l'hypothèse du physicien Mayer (Heilbronn) pour affirmer que rien du contenu déjà acquis de la vie ne se perd.

L'âme serait-elle donc d'un seul coup et pour toujours retirée du rang des créatures, serait-elle d'une condition pire que le pauvre corps qui défie la corruption quelque temps encore après la mort, pire aussi que les traces passagères de l'existence temporelle, qui ne disparaissent que peu à peu ? Notre souvenir durerait-il plus que notre essence ? Et vous, grands hommes, nobles citoyens, qui remplissez le monde entier de la gloire de vos belles actions, qui brillez comme des étoiles par l'éclat de vos vertus, dont le nom sera répété avec admiration et reconnaissance par toutes les générations jusqu'à la fin du monde, vous n'êtes donc plus ? Et vous, chers défunts, inoubliés et inoubliables, vous avez donc cessé totalement d'exister ? Votre nom vit dans nos cœurs, et vous, vous seriez devenus rien ? Etre retiré tout à coup de la foule des vivants, jeté bien au-dessous de tout ce qui a l'essence et la vie, être moins qu'un ver de terre, moins même que le brin d'herbe desséché sur le bord de la route, n'être absolument plus rien : quelle monstrueuse pensée !

Cela ne doit pas être. La destinée du corps ne peut être la même que celle de l'esprit qui, lui, est doué d'intelligence et de volonté, autrement il faudrait admettre l'hypothèse des matérialistes.

Antinomies de la doctrine matérialiste sur l'âme.

Pour les matérialistes, l'âme humaine, comme la lumière et la chaleur, n'est qu'un phénomène de la nature, la psychologie n'est rien qu'un chapitre de la physiologie : pures inventions sur lesquelles un disciple du « troupeau d'Epicure » base toute sa philosophie de la vie et prononce ces paroles connues : « L'homme naît de la boue et séjourne quelque temps dans la boue ; la boue est son œuvre et il finit dans la boue (1). » Non moins fameuse est la définition de Cabanis : « L'homme est un tube digestif percé par les deux bouts. » Ce railleur grossier n'a pas songé que l'estomac peut être rassasié par un morceau de pain, tandis que le cœur ne saurait être rassasié, même par tous les biens de ce monde.

Matière et réparation de matière : telle est la seule réponse que ces singuliers philosophes donnent en de solennelles formules aux énigmes innombrables de l'être humain et de la vie. « Parmi toutes les aberrations de l'esprit humain, dit Lotze, celle qui m'a toujours paru la plus étrange, c'est que l'esprit puisse en arriver à douter de sa propre essence, dont lui seul est le témoin immédiat, ou à se considérer comme le produit d'une nature extérieure que nous ne pouvons connaître que de seconde main, précisément par l'intermédiaire de cet esprit que nous nions. » Mais elle reste toujours sans solution et insoluble l'énigme que Feuerbach, Moleschott, Haeckel, etc., se sont proposée : comment se fait-il que la conscience personnelle par laquelle chacun se connaît, non pas en tant que pluralité mais en tant qu'individu, le même aujourd'hui qu'il était hier, par laquelle le vieillard se reconnaît le même moi qu'il a eu dans sa jeunesse, puisse être le produit d'innombrables atomes ou de leurs vibrations également innombrables ?

Si on dit que l'âme est l'harmonie des différentes forces mécaniques et des mouvements des sens, on doit admettre un principe d'unité, qui rétablisse l'accord entre les différentes impressions des sens, qui les réunisse, les conserve, mieux encore, les résume, les compare, les distingue, les résolve en idées et prépare ainsi le jugement ; en un mot, on doit admettre un principe qui ne soit pas soumis aux lois et aux changements de la matière. Celui qui reconnaît à la matière, au cer-

____
(1) *Moor in Schillers*, « *Raeuber* ».

veau la faculté d'ordonner les perceptions des sens qui se succèdent à chaque instant, de les distribuer dans leurs cellules particulières, de les défendre contre tout trouble venant du dehors, de les renouveler à son gré, de les mêler au point qu'il en résulte des idées saines et des jugements droits ; celui qui accorde au cerveau le pouvoir de penser le suprasensible et de plus le pouvoir de se décider lui-même par une libre détermination au bien moral et purement intellectuel malgré l'opposition des sens, de conserver le même savoir et la même conscience malgré la continuelle mobilité de ses pensées et de ses inclinations et enfin, au milieu de ces mouvements et de ces états perpétuellement changeants, de se connaître et de se reconnaître comme le support de tous ces mouvements et de tous ces états : celui-là ne peut s'autoriser que de sa haine contre la puissance créatrice de Dieu pour attribuer à la substance du cerveau une puissance si prodigieuse qu'elle ne peut absolument pas résider dans les sens.

D'abord le phénomène de l'organisme corporel, de ce système harmonieux des membres qui s'emboîtent l'un dans l'autre et d'activités qui se conditionnent et se complètent réciproquement, ne peut s'expliquer ni dans son origine ni dans sa durée par le jeu des forces physico-chimiques de la matière seule. Tel était le jugement des plus fameux physiologistes du milieu du XIXe siècle, que les nouveaux vulgarisateurs de la science sont peut-être loin d'égaler. En tous cas ils n'étaient arrivés à ces conclusions qu'après les plus sérieuses investigations. Th. Bischoff de Munich, Jean Muller de Berlin, Rod. Wagner de Goettingen, Schmidt de Dorpat, Nees de Esenbeck de Breslau, et la plupart de leurs collègues anglais et français ont également noté ce fait, que les forces : lumière, chaleur, électricité, magnétisme agissent non seulement dans la nature inorganique mais encore dans la nature organique. Ils ont toutefois eu bien soin de ne pas faire naître de ces forces seules le prodigieux phénomène de la vie organique, ils ont appelé à leur secours une « énergie vitale » différente de ces forces. Ils eussent

bien mieux fait de se poser directement la question de
l'âme, qui rend inutile l'hypothèse d'un principe vital
particulier. Dans ces derniers temps la chimie organique a laissé de côté le système physique pour en
revenir à l'énergie vitale bien maltraitée depuis Lotze.
Le fameux chimiste C.-F. de Gorup-Bezanez (1) déclare
« qu'il ne peut s'empêcher d'admettre dans un organisme vivant encore un autre agent, qui imprime à
l'action même des forces physiques et chimiques la
marque spéciale qui distingue la vie organique. Cet
agent, propre à l'organisme vivant, ce dernier fondement de l'ensemble des phénomènes que nous appelons la vie, nous le désignons par le mot d'énergie
vitale. » Voilà bien le mécanisme le plus compliqué :
une belle et rapide locomotive sans chauffeur et sans
mécanicien. Comment peut-il se faire que le cerveau
ne soit pas pris de vertige en présence d'un prodige
si étonnant ? Il n'y a que l'esprit qui puisse donner la
clef de tous ces événements : « C'est l'esprit qui se
bâtit le corps. » « Lors même que tout tourbillonne
dans un perpétuel changement, au milieu du changement il reste un esprit en repos. » C'est avec raison
qu'on a opposé comme un bouclier de Méduse aux
adorateurs du Tout-Unique matériel la fameuse conférence de C. de Bois-Reymond « sur les limites de la
connaissance de la nature ». Il vint un moment où ce
savant, occupé du problème de la réflexion et de la
détermination personnelle, ne put les expliquer par
les forces mécaniques de la nature. Plus tard il a
assigné comme limite à notre connaissance le moment
précis de l'entrée de la sensation : au delà de cette
limite notre ignorance est complète et persistante.

La vie personnelle opposée à la matière imperson-
nelle, l'unité de la conscience de soi-même comme
« pôle fixe dans le flux des phénomènes », la détermination libre et personnelle malgré les inclinations des
sens sont les deux faits primordiaux de notre expé-

____

(1) C.-F. DE GORUP-BEZANEZ, _Lehrbuch der physiologischen Chi-
mie._ 3ᵉ éd. Brunswig, 1871.

rience interne que le matérialisme ne peut expliquer par les forces actives du mécanisme. Par la pensée et la volonté l'homme manifeste la grande différence qu'il y a entre son moi personnel et tout être ou essence purement matérielle. Si donc l'âme subsiste par elle-même, indépendamment de la matière, elle ne sera pas entraînée par la décomposition de celle-ci; puisqu'elle ne doit pas sa vie au corps, elle ne doit pas non plus la perdre par la mort du corps. Le physiologiste danois Eschricht dit à ce sujet (1) : « S'il y a entre le corps et l'esprit le même rapport qu'entre l'outil et l'ouvrier, il faut admettre alors, mais alors seulement, semble-t-il, que la réalisation de cette espérance d'une vie de l'esprit après la mort du corps s'accorde avec les lois de la nature vivante; car la perte de l'instrument n'entraîne pas celle de son maître. »

Le désir de l'anéantissement est une illusion.

Et que penser de ceux qui désirent revenir un jour au néant ? Est-il souhait plus effroyable et plus inhumain ? Tandis que tout être vivant lutte pour la vie et réussit à triompher du complet anéantissement, l'esprit de l'homme élevé au-dessus de toute la nature pourrait-il former le souhait de se voir anéantir ? Seuls, un aveuglement funeste ou le désespoir de n'avoir rien fait qui soit digne de l'immortalité peuvent être la cause d'un avilissement qui va jusqu'à réclamer l'anéantissement du moi. D'ailleurs, ce désir indigne et insolent, qui fait honte à notre fière civilisation, n'est pas toujours sincère. Même celui qui se suicide parce qu'il est trop lâche pour supporter le fardeau et les douleurs de la vie, n'a pas du tout l'intention, ainsi que le remarque saint Augustin (2), de se précipiter dans le néant. Au moment où il porte sur lui une main criminelle, son esprit, enveloppé de ténèbres, peut songer à une ruine

(1) ESCHRICHT, *Handbuch der Philosophie der Menschen.* 4ᵉ édit., p. 511.
(2) AUGUST., *De lib. arbitrio,* l. III, c. 8.

complète, mais son cœur ne désire nullement l'anéantissement, il veut seulement trouver la paix qu'il a
cherchée vainement ici-bas.

> « Car la mort apporte à notre cœur la paix
> Que le monde lui refusa et que les soucis lui dérobèrent ;
> C'est elle qui délie les chaînes
> Qui retenaient notre âme dans l'esclavage. » (Leuthold.)

On peut tirer de la nature de l'âme la preuve de sa durée éternelle. — L'argument psycho-téléologique.

Non seulement l'âme peut, mais elle doit continuer à
vivre et elle vivra éternellement. Plus l'esprit est
absorbé par la pensée du deuil et plus il exerce son
activité consciente, plus clairement aussi il reconnaît
au bord de la tombe la profondeur de l'abîme qui sépare
l'âme de la matière. Mais à quelle valeur s'appréciera-
t-il lui-même, s'il ne doit pas vivre éternellement ?
Pourquoi donc l'intelligence a-t-elle le pouvoir de penser à l'éternité, si cette pensée n'est qu'une folie ?
Pourquoi le cœur est-il porté à désirer l'éternité, si ce
désir n'est qu'une illusion ? La face de la terre se
renouvelle tous les ans ; depuis des milliers d'années
les étoiles poursuivent leur course ; mais les étoiles sur
nos têtes et la terre à nos pieds ne pensent point, ne
sentent point, ne veulent point, ne connaissent pas
Dieu, ne se connaissent pas elles-mêmes, n'espèrent
point, ne pressentent même pas l'éternité. L'homme au
contraire sent, pense et espère ; il connaît Dieu et se
connaît lui-même, il pressent et espère l'éternité. Et
lui, le roi de la création, ne serait destiné qu'à vivre
quelques jours, tandis que d'innombrables créatures
pourraient conserver même leur forme extérieure presque intacte pendant une longue série de siècles ?
Pendant ce temps si court il peut atteindre tant de
choses et se perfectionner de si multiples façons ;
poussé par le sentiment naturel de l'immortalité, qui
est le stimulant de tant de grandes actions, il travaille,

lutte et souffre sans cesse ; et tout cela serait inutile, lui et toutes ses œuvres seraient anéantis pour toujours ?

« Dieu a créé l'homme immortel et il l'a fait à son image et à sa ressemblance (1). » Dieu seul pourrait par sa puissance infinie faire de nouveau rentrer dans le néant l'œuvre issue de son souffle ; s'il le faisait, ce serait la plus étonnante et la plus incompréhensible de ses œuvres, la négation la plus évidente de sa sagesse et de sa bonté dans le gouvernement du monde. C'est pourquoi Méric (2) se trompe, quand il écrit que l'homme au sujet de la question la plus importante de sa vie est condamné à un doute qui n'a d'égal que son angoisse. « Notre âme est contingente, finie, imparfaite, et de même qu'elle a eu un commencement, elle peut avoir aussi, comme toutes les autres créatures animées, la fin mystérieuse de l'anéantissement, elle peut retomber dans le néant. » Cela n'est vrai qu'au point de vue de la puissance divine absolue. L'homme est immortel, mais non pas éternel dans le sens le plus strict. L'éternité en elle-même est une durée incapable d'accroissement, tandis que la durée qui est réservée à l'homme, continue toujours et ne cesse jamais, précisément parce qu'elle s'accroît continuellement et par-dessus toute limite déterminable. L'âme humaine n'est pas éternelle comme Dieu est éternel, puisqu'elle n'a pas en elle-même la raison de son être.

Les savants se posent cependant une question d'ordre secondaire, à savoir si l'âme continue à vivre par un effet de la création divine ou par un effet de la conservation divine. Puisque l'âme humaine n'est pas une partie mais seulement une copie de l'essence divine, sa capacité de vivre repose sur la volonté créatrice de Dieu, et se confond avec la réceptivité de l'action de la puissance divine. Et comme, d'autre part, puisqu'elle est simple, elle ne peut être entraînée à partager le sort du corps qui tombe en décomposition,

(1) *Sagesse*, 2, 23.
(2) Méric, *L'autre vie*.

elle possède en elle-même, dans sa nature les conditions nécessaires à la continuation de sa durée. C'est parce que Kant a insinué que la simplicité de l'âme ne pourrait être ni strictement démontrée, ni absolument contestée, qu'il s'est répandu dans des milieux scientifiques une répugnance presque générale à admettre les preuves d'immortalité tirées de la nature même de l'âme. Un grand nombre de savants de second ordre qui dans leur aveuglement antiscientifique étaient comme épris du seul monde des phénomènes, en sont peu à peu arrivés à accumuler toute espèce de preuves pour jeter le discrédit sur la pensée de l'immortalité, comme étant une pensée monstrueuse et absolument immorale.

Que la survivance des âmes soit possible, c'est certain, si on veut bien considérer que l'anéantissement ne se trouve nulle part dans le plan du Créateur. D'ailleurs Dieu a pris soin de donner à l'âme une garantie contre la mort, il lui a imprimé le sceau de l'immortalité : la conscience générale de l'humanité nous en donne un témoignage irrécusable. C'est sur cette garantie naturelle de la vie que les plus grands philosophes des siècles chrétiens se sont basés pour soutenir résolument l'opinion, que la raison avec ses forces naturelles et les secours naturels était capable de démontrer l'immortalité de l'âme.

L'animal qui atteint son but dans un temps limité peut mourir, car il a fini sa carrière. L'homme au contraire avec sa faculté illimitée de se développer, avec la force d'expansion infinie de ses facultés, ne doit pas pouvoir mourir tout entier ; l'anéantissement serait pour lui une chose contre nature. Son âme renferme en elle-même des désirs, des inclinations, des besoins qui, parce qu'ils sont communs à tous les hommes, doivent être considérés comme innés et enracinés dans l'essence même de la nature humaine. Ils sont indélébiles et agissent avec une force irrésistible ; ils ne sont d'ailleurs jamais et nulle part pleinement satisfaits en cette vie. C'est pourquoi ils impliquent l'espérance d'une autre vie, qui leur garantisse la satisfaction refusée par la vie présente. Car s'il n'y avait pas une telle vie après

la mort, on aurait raison de murmurer avec les pessimistes contre le créateur de la nature humaine. Cette
preuve, que nous pouvons appeler d'une expression
technique employée en philosophie la preuve « psycho-
téléologique », se trouve à la base de toutes les autres
preuves de l'immortalité et les résume toutes ; les
autres preuves tirées de la conscience de l'immortalité,
du besoin de vérité, de vertu et de rémunération ne
sont que des formes diverses de cette preuve unique et
générale et peuvent en fin de compte être ramenées à
celle-là.

Le désir inné du bonheur exige
une félicité parfaite et dès lors sans mélange.

Le ressort qui fait mouvoir tout cœur humain, c'est
l'impérieux désir d'une béatitude parfaite et par conséquent éternelle. Le bonheur, c'est le besoin et le but
de toute âme humaine. C'est pour l'atteindre que l'artisan et l'ouvrier, le savant et l'artiste se livrent à leur
labeur ; que le souverain conserve sur sa tête la couronne ou la dépose ; c'est vers le bonheur que tendent
et le vertueux et le scélérat. L'animal ne connaît pas
ce désir de bonheur, tandis que l'homme veut être
heureux, il doit le vouloir et ne peut faire autrement.
Mais ce désir impérieux ne peut être satisfait par
aucun bien terrestre, ni par aucun bonheur temporel.
Les biens de la terre et les joies de la vie exercent sur
nous l'attraction de leurs charmes, tandis que nous les
voyons encore dans le lointain et les appelons de nos
vœux ; mais tombent-ils en notre possession, ils perdent aussitôt pour nous leurs séduisants attraits. Les
millions longtemps rêvés ne satisfont pas la soif de l'or
de ceux qui les ont acquis ; les plaisirs ardemment
convoités nous lassent vite ; les honneurs passionnément recherchés ne font qu'exciter de nouvelles
convoitises. La jouissance engendre le dégoût et ne
laisse après elle que le vide et l'ennui ; le trouble réside
au sein même de la joie et la « gaîté nous consume », a

dit Montaigne. Celui qui pendant quelques années a lutté contre la vie sent le besoin de régler son compte avec son destin ; celui qui à la fin de ses jours établit son bilan n'aura qu'un déficit à enregistrer : si le plaisir terrestre a été l'unique but de ses efforts, il constatera alors que la part du bonheur qu'il s'était promise a été bien petite. Malgré toute son aversion pour la douleur humaine il devra reconnaître la vérité du jugement de Salomon sur la vanité de tout ce qui est terrestre. Il n'y a pas eu de « beau fixe » dans sa vie et le jour même où son bonheur semblait avoir atteint le plus haut degré, il s'évanouissait aussitôt. On ne sait qui souffrit le plus de Tibère, qui inventa toutes sortes de plaisirs contre nature ou de ceux qui furent victimes de ses caprices ; c'est un point d'histoire que les chercheurs n'ont pas encore éclairci. Il est certain cependant qu'en aucun temps n'a cessé de retentir la plainte des vieillards grecs dans le chœur de Sophocle :

> « Dans le passé, dans le futur
> Et dans le présent règne une même loi :
> Il n'y a jamais dans la vie
> De plaisir pur et sans mélange ! »

L'excès de joie devient parfois pénible ; c'est ainsi qu'on raconte du fameux Philippe de Macédoine qu'il fut très inquiet un jour où on lui fit en même temps l'annonce de trois événements heureux. Malgré le vif et persévérant désir de félicité qu'a le cœur humain, il est tellement pénétré de l'instabilité du bonheur terrestre ou plutôt de l'impossibilité d'éviter le malheur, qu'il croit voir dans les rares moments de bonheur parfait qui lui sont donnés les avant-coureurs d'un malheur prochain et qu'il se dit dans un triste pressentiment : « J'ai été trop heureux d'un seul coup pour que cela puisse durer longtemps. »

Entraînés par l'égarement de l'esprit moderne, les chercheurs ont voulu remplacer le Dieu personnel, supérieur au monde et à l'esprit, par le grand Tout de la matière et de la force ; ils ont méconnu la valeur et le but de leur vie en déplaçant leur centre de gravité

de l'au-delà impérissable dans l'en-deçà fugitif ; ils ont
ainsi bâti leurs châteaux de bonheur sur le sable mou-
vant de la terre ; mais ils ont bientôt trouvé dans le
pessimisme la triste et soudaine surprise qui les atten-
dait. Ils ont été chassés avec mépris de l'éden de leurs
illusions dans le désert de la triste et grossière réalité.
« La vie n'est en somme qu'un mensonge continu. Elle
a promis, mais elle ne tient pas ; c'est pour nous ensei-
gner combien peu l'objet de nos désirs était digne d'être
désiré. Le mirage de l'éloignement nous montre des
paradis qui s'évanouissent comme de vaines illusions.
Le bonheur se tient toujours dans l'avenir ou dans le
passé, et le présent pourrait se comparer à un nuage
sombre que le vent pousse au-dessus de la terre enso-
leillée : devant lui et derrière lui tout est clarté ; lui
seul projette continuellement des ombres sur la terre(1). »
« La vie est un commerce où l'on ne fait pas ses frais(2), »
telle est la devise du pessimisme moderne.

Nous savons avec quelle habileté les pessimistes
modernes s'entendent à dépeindre la misère humaine.
Ils auraient tort de penser avoir fait là une découverte ;
les multiples misères de la vie étaient déjà bien connues
des anciens. Héraclite nous a fait connaître ses lamen-
tations, qui ne sont d'ailleurs que l'écho de la plainte
humaine perçu à travers tous les âges et toutes les
générations. La vie elle-même se charge de distribuer
assez tôt à chacun sa part de misères. Bien petit est le
nombre de ceux qui jouissent d'un bien-être continuel ;
et ceux qui ont ainsi une assez large part de bonheur
sont bien légers ou bien sots en même temps que bien
insensibles, s'ils tiennent les yeux fermés aux misères
d'autrui ou bien s'en moquent, comme s'ils pouvaient
par là augmenter leur propre bonheur.

(1) Schopenhauer, *Die Welt als Wille und Vorstellung*, t. II, p. 46.
(2) *Ibid.*, p. 605.

Les négateurs de l'immortalité personnelle sont incapables de trouver une compensation à leurs négations.

Quelle compensation offrent donc les apôtres de l'incrédulité à l'homme malheureux, auquel ils ont enlevé l'espérance de l'immortalité et de la satisfaction de nos désirs dans l'au-delà, auquel ils ont arraché en même temps toute confiance en Dieu et en sa divine Providence ?

Ecoutons d'abord celui qui a été, pendant de longues années, leur porte-parole en Allemagne, David-Frédéric Strauss. Au contraire des partisans des demi-mesures, il tire, avec une audace magistrale mais effrayante, les dernières conséquences de la « foi nouvelle ». Après n'avoir gardé de la Bible qu'une partie, après avoir fait du Christ un homme noble sans doute mais fanatique, de l'homme un atome divinisé de l'univers, il tira la conclusion de ses longs travaux critiques et la consigna dans une sorte de testament. Et quel a été le produit de cette « foi nouvelle », mis en comparaison avec celui de la « vieille foi » ?

« Le rejet de la foi à la Providence est, en effet, un des dommages les plus sensibles produits par l'apostasie de la foi chrétienne. On voit la machine effrayante du monde avec ses roues aux dents d'acier qui tournent en sifflant, avec ses lourds marteaux et ses pilons qui tombent et retombent avec un bruit assourdissant ; au milieu de ce mouvement effrayant l'homme se voit jeté sans défense et sans appui, jamais sûr de n'être pas saisi et brisé par un mouvement imprévu d'une roue ou écrasé par un marteau. Ce sentiment d'abandon donne une impression d'épouvante. Mais à quoi bon se faire illusion à ce sujet ? Nos vœux ne changent pas le monde et la raison nous montre qu'en réalité le monde est ainsi fait (1). » En guise d'huile adoucissante Strauss verse dans les roues impitoyables de la machine la

____

(1) D.-F. STRAUSS, _Der alte und neue Glaube_, Leipzig. 1872, p. 365.

soumission stupide au joug de fer de la loi de la nature sans raison, sans cœur et sans volonté. Et cet abandon à la nécessité aveugle et cruelle conduit enfin et sans qu'on s'en doute, à la béatitude par la douce force de l'accoutumance (1). Consoler le pauvre voyageur qui souffre de la misère en lui rappelant la « loi de la nécessité » et la force de l'habitude », c'est se moquer de sa misère.

Lorsqu'il s'agit de remplacer cette foi à l'immortalité, cette lumière « qui illumine la nuit sombre de la terre par un regard dans la vie immortelle du ciel (2) », Strauss nous révèle encore plus son indigence. « Quant à la compensation, dit-il, que notre concept du monde peut offrir à la foi chrétienne touchant l'immortalité, on attendra peut-être de moi une très longue explication, mais on n'en aura qu'une de très courte. Il faut dire de celui qui ne sait pas se tirer d'affaire lui-même qu'il ne peut pas être secouru par d'autres, qu'il n'est pas encore mûr pour notre doctrine, qu'on doit le renvoyer à Moïse et aux prophètes (3). »

N'est-ce point là l'aveu sans détour du plus évident désespoir. C'est pourquoi celui qui ne peut pas se tirer d'affaire lui-même fait bien mieux de chercher un secours en Dieu plutôt que de livrer son âme au démon de l'incrédulité. Jouir du beau dans l'art et dans la nature, faire des voyages intéressants, profiter des dons des muses et des dieux du plaisir est sans doute le privilège d'un petit nombre d'hommes ; et cependant la pleine jouissance de tous ces plaisirs dans ce désert aride et desséché du cœur enflammé de désirs est comme la goutte d'eau qui tombe sur la pierre brûlante. Strauss trouve dans les jouissances scientifiques et esthétiques « une excitation pour l'esprit et le cœur, pour l'imagination et l'humeur, excitation qui ne laisse plus rien à désirer. » « C'est ainsi que nous vivons et que nous marchons dans le bonheur (4). » A-t-il jamais été lui-même

(1) Ibid., p. 305 et s.
(2) Ibid., p. 364.
(3) Ibid., p. 366.
(4) Ibid., p. 294.

complètement heureux ? D'ailleurs, les régions éthérées
où nous font monter nos grands poètes et la mer d'harmonie que nos grands compositeurs répandent autour
d'eux, ces deux sphères « où tout mal terrestre s'envole
et se résout, où toute tache est effacée comme par un
charme (1) » ne sont encore, toute proportion gardée,
accessibles qu'à un petit nombre. Pour des millions de
mains calleuses l'ombre même de ce charme disparaît ;
les ouvriers ne peuvent saisir les hautes conceptions
des poètes et des artistes. Si les pauvres et les ignorants
devaient renoncer à la « fausse croyance » de l'immortalité, pourquoi ne se traceraient-ils pas un autre pro-
gramme de vie, que celui où Strauss ne laisse que le
travail, l'inquiétude et la privation, la souffrance et la
maladie ?

La survivance impersonnelle dans le « grand tout » n'est qu'un ensevelissement définitif dans la tombe.

En compagnie de Strauss nous trouvons C. Duhring,
Jos. Scherr, B. Carneri, F. Jodl, G. von Gisicki,
F. Foerster et les autres porte-parole de la « civilisation
éthique » ; ils donnent à l'homme ce conseil facile et
touchant. « Au milieu des vicissitudes amères de votre
existence terrestre, puisez des consolations dans le tout
de l'humanité, dans le sentiment de la grande solida-
rité humaine ; l'individu doit encore s'estimer heureux
de pouvoir travailler et souffrir pour la prospérité et le
bien-être des générations à venir. » Mais il importe de
se demander si ce but final et cette destinée suprême,
qui sont proposés à l'humanité, méritent d'être considérés comme une récompense proportionnée à un tel
sacrifice. Un fanatique du concept moderne du monde,
F. von Hellwald, après avoir, dans son histoire de la
civilisation, fait dériver tout le progrès humain des
impulsions de la faim et de l'amour charnel, termine

(1) *Ibid.*, p. 363.

par ce sombre regard jeté sur l'avenir : « La science a déchiré le voile de l'avenir et entrevu la fin de l'humanité... La science démontre que tôt ou tard, mais sûrement, tout organisme, et l'homme par conséquent, disparaîtra par l'épuisement de l'eau et de l'acide carbonique ; la lutte des forces de la nature et des éléments, la lutte pour la vie entre tous les êtres animés cessera pour toujours... Alors la terre sera privée de son atmosphère et de tout être animé ; semblable à la lune dépeuplée, elle continuera à tourner autour du soleil, mais le genre humain, sa civilisation, sa lutte et ses efforts, sa création et son idéal, tout cela aura cessé d'exister. Pourquoi ? (1) » Par ce dernier mot, auquel il ne donne pas de réponse, celui-là même qui a posé la question laisse voir le vide de son concept nihiliste du monde ; il tarit aussi la source des consolations. Voilà bien à quoi nous invitent les négateurs de l'immortalité en rappelant le mot du poète :

« Tu as peur de la mort ! Tu souhaites de vivre immortel !
Vis donc dans le Tout; restes-y longtemps, car lui seul demeure. »

« Ce philosophe aurait mieux fait, dit R. Rocholl (2), de ne pas conclure par ce « pourquoi ». Ce point d'interrogation devait faire soupçonner même au lecteur le mieux disposé que ce concept des choses est incapable de satisfaire l'esprit humain. »

Wundt (3) ne peut supporter cette idée, que « l'humanité avec toute son œuvre intellectuelle et morale disparaîtra sans laisser de traces et que surtout il ne restera dans aucune conscience pas même un souvenir de ce néant absolu. C'est pourquoi, dit-il, partout où nous voyons des limites imposées à l'existence individuelle, nous jetons notre regard par delà cette existence et nous nous réjouissons à l'espérance de l'avenir réservé aux grandes sociétés, dont nous faisons partie

(1) F. von HELLWALD, *Kulturgeschichte,* 3ᵉ éd., Augsbourg, 1884, t. II, p. 726.
(2) R. ROCHOLL, *Die Philosophie der Geschichte,* t. I, Goettingen, 1878, p. 303.
(3) Wilh. WUNDT, *Ethik,* 2ᵉ éd., Stuttgard, 1892, p. 500.

et avec lesquelles nous travaillons pour un but moral plus durable. Ces sociétés elles-mêmes disparaîtraient-elles un jour, nous vivons cependant de l'espoir que le but moral de l'humanité, auquel aboutissent finalement tous les buts particuliers, ne disparaîtra jamais. »

D'autres consolateurs nous avertissent également que l'œil attristé doit se détourner de la tombe du défunt que nous pleurons pour contempler l'immense tombeau de l'univers ; la tranquillité doit renaître ainsi dans l'âme. Bernard Carneri connaît un remède au vertige qui pourrait nous saisir lorsque nous plongeons notre regard dans les profondeurs de la terre, et ce remède n'a peut-être pas été encore connu comme il le mérite. « Celui qui a déjà déposé dans la tombe ce qu'il a de plus cher au monde et qui sait d'autre part que son pays, toute cette terre si belle, tout le système mondial auquel il appartient doivent un jour disparaître, celui qui devant l'impartialité inexorable de la loi de causalité a su se créer un adoucissement à la douleur la plus profonde : celui-là accepte si bien la mort, dont il comprend l'inexorabilité, qu'il lui donne sans répugnance non seulement ses proches et ses amis mais encore l'univers tout entier. » Ce n'est pas sans surprise que nous voyons attribuer à ce remède la bienfaisante vertu d'exciter notre courage, de redoubler notre attachement à la vie en dépit de toutes les adversités et de condamner le suicide comme une lâche désertion. Ce qui prend fin pour toujours doit-il être un but suprême digne de l'effort humain ? Est-ce que ce courage et cet attachement à la vie ne doivent pas être ensevelis dans le tombeau du monde ?

« Bien que sujet à la mort, dit Class, l'esprit humain ne doit pas rester son esclave, par honneur pour la pensée. Car une vie personnelle, qui se développe dans la libre obéissance sous l'égide de la pensée, ne doit pas être destinée à la destruction. Et si pourtant cet esprit venait à être détruit, que faudrait-il penser de l'univers ? Une réalité qui pourrait être ainsi réduite au néant ne vaut absolument rien ; elle vaut pour ainsi dire moins que si elle n'existait pas. Si on se place au point de vue de la pensée, on doit repousser une telle éventualité. La pensée est sûre d'elle-même et ne laisse rien rabattre de ses exigences (1). » Le concept nihiliste de la vie porte nécessairement au mépris de la vie et il est le principe générateur des pensées du suicide auxquelles la résignation fataliste ne peut pas résister dans les états de faiblesse occasionnés par le dégoût ou le chagrin.

Lorsque nous avons cessé d'exister, le cours du monde a aussi peu d'importance pour nous qu'il pouvait en avoir avant notre existence. Le vieux Lucrèce était plus conséquent dans ses pensées que ceux qui se prétendent aujourd'hui ses disciples. L'un d'eux s'écrie :

« De même qu'autrefois nous restions parfaitement indifférents
Lorsque les armées se pressaient pour combattre Carthage
Et que la terre entière retentissait du bruit de la guerre,
De même le serons-nous, lorsque nous serons arrivés au moment
Où l'esprit et le corps se séparent. Nous avouons
Que rien ne nous inquiète là-dessus, lors même que la terre
S'anéantirait dans la mer et la mer dans le ciel lui-même. »

Le philosophe de « l'inconscient », Ed. von Hartmann, ne trouve pas non plus une compensation à la foi à l'immortalité. Au contraire de Strauss il estime très peu utiles pour le bonheur de l'homme les conquêtes de la civilisation, les progrès scientifiques, esthétiques, techniques, politiques et sociaux, et il affirme que les peuples à l'état de nature loin d'être plus misérables, sont au contraire plus heureux que les peuples civilisés, il prétend que les conditions pauvres, humbles et grossières sont plus agréables que celles des gens riches, élevés et d'un esprit cultivé, que les sots sont plus heureux que les sages, en un mot qu'un être est d'autant plus heureux que son système nerveux est plus affaibli, parce que l'excédent des douleurs sur les plaisirs est d'autant plus petit et que l'aptitude à s'illusionner est d'autant plus grande (2). »

_____

(1) G. CLASS, *Untersuchungen zur Phænomenologie und Ontologie des menschlichen Geistes.* Leipzig, 1896, p. 222 et s.
(2) Ed. von HARTMANN, *Philosophie des Unbewussten,* 8ᵉ éd. Berlin, 1878, t. II, p. 387.

Pessimisme moderne.

D'après Ed. von Hartmann, la caractéristique des pessimistes modernes consiste en ce que « ces natures plus fortement douées » se renferment dans ce qu'il ne craint pas d'appeler une « sainte indignation », dans une « fureur, qui se transforme en une humour de condamné à mort, semblable à celle d'un Méphistophélès. Avec une compassion à demi contenue et une moquerie un peu libre le pessimiste jette un regard de souveraine ironie et sur ceux qui se sont laissé prendre aux illusions du bonheur et sur ceux qui sont brisés par le sentiment de la douleur. » Il redouble encore ses railleries, « lorsque le cœur en lutte avec la fatalité cherche à découvrir une dernière porte libératrice pour sortir de cet enfer (1). » Cette fureur, dans laquelle ces « natures plus fortement douées » ont assez grandi, leur fait « joyeusement fêter, comme elles disent, le carnaval de la vie » et supporter avec un « joyeux pessimisme » sur « cette planète maussade » l'ennuyeuse « comédie » qui s'appelle la vie.

Mais quelle consolation reste-t-il donc aux millions d'hommes, qui, bercés d'une folle espérance, sont tombés d'une illusion dans une autre, d'un désenchantement dans un autre et qui ne sont pas capables d'adoucir leur tristesse par cette « humour de condamné » d'un Méphistophélès ou par une « souveraine ironie » ? Insensible à tout, le prophète de la religion de l'avenir ne laisse à tous ces inconsolés que leur peine et leur affliction ; pour plaire au « Tout-un inconscient », dont la volonté aveugle est, à son avis, la plus sotte qui puisse s'imaginer, il ferme « la dernière porte libératrice de cet enfer ». Les anciens pessimistes, qui gardaient toujours une porte de sortie pour échapper au désespoir consommé, témoignent cependant de plus de logique et de plus de compassion. Ed. von Hartmann

____

(1) Ed. von Hartmann, *loc. cit.*, p. 390.

pousse au dernier degré sa raillerie méphistophélique, lorsque, s'adressant à ces hommes qui luttent sans succès pour le bonheur, il leur pose cette question : A qui adressez-vous votre demande de bonheur ? Sur quoi la fondez-vous ? Avez-vous donc quelque droit au bonheur ? Non, vous n'en avez aucun ; ce que vous avez, au contraire, c'est l'obligation de supporter sans résistance le mal et la douleur... ; vous voulez le bonheur, parce que c'est l'inclination de votre volonté ; aussi longtemps que vous serez des êtres voulants, aussi longtemps vous voudrez le bonheur, car aussi longtemps vous chercherez la satisfaction de votre volonté. Et vous ne comprenez pas que la volonté irraisonnable se joue dans la circonstance de votre raison... Ou bien un paradis avec les houris ou bien le Nirwana (1). » Une telle ironie serait à peine excusable chez un païen.

Et qu'est-ce donc que le Nirwana ? Un mélange bâtard d'être et de non-être, qui convient parfaitement aux goûts des viveurs rassasiés et dégoûtés de la vie. Au terne flambeau de la vie correspond l'espoir des brillantes clartés de l'au-delà ; la pensée, la volonté et la sensibilité ne peuvent jamais s'en rassasier ; elles ne se contentent pas davantage des moyens artificiels par lesquels une volupté éteinte cherche à s'illusionner sur une sénilité malheureuse et à transformer en une apparence de vie le reste d'une existence épuisée. C'est pourquoi même les sectateurs du bouddhisme ont représenté le Nirwana non plus comme une chute dans le néant mais comme un heureux repos dans l'autre monde.

Ed. von Hartmann est assez honnête cependant pour assigner à la religion et à la vertu chrétienne la pre-mière place parmi les biens qui peuvent procurer le bonheur. D'après lui toutefois, tous ceux qui cherchent une consolation dans l'espérance de la vie éternelle sont enveloppés dans les filets d'une illusion égoïste :

____

(1) Ed. von Hartmann, *Gesammelte Abhandlungen*, Berlin, 1872, p. 88.

« La lettre de change sur l'au-delà qui doit nous indemniser de la misère de l'existence n'a qu'un défaut : le lieu et la date de l'échéance sont fictifs (1). »

Mais comment ce philosophe le sait-il ? L'au-delà échappe encore à l'investigation à proprement parler scientifique. Il ne faut donc pas trouver mauvais que le croyant accueille d'un sourire moqueur de telles affirmations, parce qu'elles sont des échappées audacieuses hors des limites de l'expérience certaine et nous jettent dans le sombre abîme de l'inconnu. Le chrétien porte en lui-même la garantie que la « lettre de change » qu'il tire sur l'au-delà sera un jour certainement payée. D'ailleurs il a déjà reçu un à-compte : c'est la béatitude intérieure intarissable produite par l'espérance même de l'immortalité. Elle se présente à lui comme le souvenir et la dot d'une origine supérieure ; elle le soutient et le fortifie dans toutes les vicissitudes ; elle ne l'abandonne jamais et lui sert de viatique ; pareille à la farine et à l'huile de la veuve de Sarepta, elle ne diminue jamais. Non, jamais, le chrétien n'échangera ses précieux dons du ciel contre le « néant libérateur ». « L'influence de la religion, écrit le fameux savant Humphry Davy (2), survit à toutes les joies de la terre, elle devient plus forte à mesure que les organes vieillissent et que le corps se rapproche de sa décomposition ; elle est à l'horizon de la vie comme l'étoile du soir, qui, nous le savons bien, devient ensuite l'étoile du matin, et elle nous illumine à travers les ombres et l'obscurité de la mort. »

L'instinct de conservation et de perfectionnement de notre moi exige l'immortalité.

Le Nirwana dans le Tout-matière des matérialistes ou dans l'inconscient exclusif des pessimistes ou dans le tout-esprit des panthéistes ne peut pas aplanir le

<hr>

(1) Ed. von HARTMANN, *Philosophie des Unbewussten*, t. II, p. 363.
(2) H. DAVY, *Die letzten Tage eines Naturforschers. Uebersetzt von Martius*. Bamberg, 1833, p. 240.

conflit aigu qui existe entre la volonté inextinguible de vivre et la loi inéluctable de la mort. A quoi bon, faut-il demander encore, l'espérance d'une immortalité temporelle, qui consisterait « à devenir, seul parmi les êtres finis, un avec l'infini et à être à ce point de vue éternel (1) ? » A quoi bon l'espérance de survivre dans ses œuvres et dans ses mérites, dans le souvenir de ses amis et de ses concitoyens ? « L'immortalité de l'individu, c'est l'immortalité de son action », a écrit Diderot. Mais à quoi me servent mes œuvres si elles ne doivent pas me suivre ? A quoi bon toute la gloire que j'aurai dans la postérité, à quoi bon les plus grands honneurs dans l'avenir, si je ne dois pas les recevoir et en jouir, si ma personne, mon moi ne doit pas subsister ? Tandis que la volonté de vivre a pour objet la conservation du moi, le désir de perfection et de bonheur a pour objet l'épuration, l'extension et l'enrichissement de ce moi. Celui qui peut avec une parfaite tranquillité d'âme admettre l'hypothèse qu'il se perdra un jour dans l'infini du monde ou de la divinité, comme les gouttes d'eau se perdent dans l'océan, celui-là n'est pas encore arrivé à la parfaite connaissance de lui-même. Car celui qui a pris pleinement conscience de sa vie doit désirer qu'elle dure éternellement. Celui qui affirme le commencement de son être, doit aussi en affirmer la continuation. Celui qui ose croire à lui-même ne peut s'empêcher de croire aussi à son éternité, dans le sens d'une survivance personnelle. La soif de bonheur qui se manifeste aussi générale, aussi irrésistible et aussi violente que la volonté de vivre et que la loi de la mort, serait un martyre inexplicable, si elle ne devait rencontrer à la fin que des citernes desséchées et ne jamais se désaltérer aux sources d'eau vive qui jaillissent jusqu'à la vie éternelle. Le but de nos aspirations innées n'est pas la destruction, mais l'épuration et le perfectionnement du moi, l'élévation de l'individualité vers un idéal dont les fondements sont déjà posés.

(1) SCHLEIERMACHER, *Reden ueber die Religion*, 4ᵉ édit. Stuttgard, 1831, p. 121.

Sans la certitude de la survivance personnelle, la vie devient un tourment, le monde un désert, le cosmos un chaos. Le travail et l'accomplissement du bien, la conscience d'avoir fidèlement rempli ses obligations et la récompense des vertus naturelles peuvent bien adoucir et embellir le cours de la vie de l'incrédule ; mais ce qu'il y a de vrai et de durable dans cette joie intérieure se rapporte à un monde meilleur et à une existence immortelle. Seule la foi au bonheur peut dissiper la tristesse de la vie et donner à l'homme un concept joyeux de la vie et du monde. Il n'y a pas d'autre remède contre le désespoir, pas d'autre voie de salut pour le fils perdu que le retour à la maison de son père et le repos sur le cœur paternel de Dieu.

La conduite de la nature vis-à-vis des animaux sans raison ne permet pas de conclure à l'anéantissement de l'homme.

A la conscience qui réclame impérieusement la survivance de l'individu, on se plaît à opposer la loi différente de la nature qui régit tous les autres êtres vivants. La nature ne s'occupe que de la conservation de l'espèce, elle fait mourir les individus, les remplace par d'autres, et elle anéantit même pour toujours certaines espèces d'animaux ; elle pourrait donc aussi abandonner les individus de l'espèce humaine à la destruction complète. En effet chaque individu doit quitter la scène de la vie sans qu'on lui demande s'il y a achevé son rôle, s'il a parfaitement mis à profit ses talents et ses facultés, s'il a réalisé ses plans et ses idées. Si un individu se voit couper trop tôt le fil de la vie, il ne peut, d'après Strauss, réclamer qu'une chose : une survivance aussi longue que l'espace de temps qui a été retranché à sa vie terrestre.

Si l'homme n'était qu'un produit de la nature, il serait soumis comme les autres créatures aux lois de la vie naturelle et il ne pourrait attendre aucune autre

réalisation de ses destinées même les plus importantes
et les plus essentielles que celle qui est possible dans le
domaine très limité de son existence terrestre et dans
le cercle du processus de la nature. Mais dans ce cas il
serait incomparablement plus mal partagé que tous les
autres êtres vivants. Lui, le roi de la création, aurait
parmi toutes les créatures le lot le plus triste,
la mère-nature le traiterait comme la plus méchante
des marâtres. Abandonné au cours ordinaire des êtres
qui naissent et périssent, il serait placé dans la contradiction la plus effroyable qui se puisse concevoir, les
souffrances de son martyre n'auraient point d'égales.
Tandis que dans tous les autres êtres les aspirations
s'harmonisent très bien avec leur destinée, il y aurait
dans l'homme un conflit aigu et persistant entre ce
qu'il veut nécessairement atteindre et ce qu'il peut
atteindre et atteint en réalité. Ses désirs et ses efforts
continuels viseraient le parfait et l'infini, mais son
pouvoir et son action se mouvraient dans l'humble
sphère de l'imparfait et du fini.

L'animal est parfait dès qu'il a achevé de grandir :
l'homme ne peut pas ici-bas atteindre une semblable
perfection. L'âme de l'animal vit sans raison et sans
liberté, elle ne connaît et ne s'efforce d'obtenir que ce
qui a rapport à la conservation et à la reproduction de
sa vie corporelle ; elle ne sent pas d'aspirations vers la
perfection et ne soupçonne même pas le développement
et le progrès : elle n'a donc pas d'histoire. L'esprit de
l'homme au contraire se porte vers le transcendant et
l'impérissable ; il voit dans le lointain une destinée
brillante, vers laquelle par une impulsion spontanée il
porte ses désirs et les efforts de sa libre activité. L'animal ne se connaît pas comme être individuel et ne
jouit pas d'une vie personnelle : ce défaut d'indépendance réelle est une indication très significative que
l'âme des animaux ne possède par nature aucun droit à
l'immortalité et que son anéantissement ne porte aucun
dommage à l'intégrité du monde. L'esprit humain
au contraire se sent comme « entéléchie », comme
maître-ouvrier, moteur, dispensateur de la vie et sou-

verain du corps ; malgré sa dépendance de la vie naturelle, il a véritablement une vie propre et particulière,
affirme une réalité subsistante et indépendante. Dans
le flot des phénomènes qui passent, au milieu de tous
les changements et de toutes les vicissitudes, il reste
conscient et joyeux de sa vie intérieure qui s'élève
au-dessus du fini et du temporel. « L'âme, écrit
Burdach (1), se confond à l'origine dans son état latent
avec la vie du corps et de même que son premier réveil
est un commencement de délivrance, de même son
développement consiste pendant tout le cours de la vie
à se détacher toujours davantage de la vie du corps
et à s'opposer à celle-ci d'une manière toujours plus
marquée par la conscience personnelle ; cette séparation s'accentue tous les jours et grandit jusqu'à la
vieillesse, dans laquelle les organes ne peuvent plus
servir l'âme ; mais l'apogée de cette séparation doit
être la délivrance absolue par la mort. Si l'homme à
l'état sauvage n'est occupé que du monde extérieur,
il arrive par la culture à la réflexion et à la distinction
de son moi et de son corps et par là à la pensée de sa
survivance physique après la mort... Cette séparation
de l'âme d'avec la vie du corps et le monde des sens
apparaît encore plus marquée dans ces moments particuliers, où l'âme se plonge tout entière dans une médi-
tation et une extase plus profondes. »

Notre espérance en l'immortalité est garantie par notre relation avec Dieu.

Ainsi que nous l'avons vu, notre esprit d'après sa
nature même et ses aspirations réclame l'immortalité.
Mais d'où lui vient la garantie de la réalisation de
cette immortalité ? De sa relation avec Dieu. « L'âme

_____

(1) BURDACH, *Die Physiologie als Erfahrungswissenschaft*, t. III,
p. 740.

est la vie de ton corps ; la vie de ton âme, c'est Dieu, » dit saint Augustin (1). La religion, c'est-à-dire le concept du monde et de soi-même à la lumière de la pensée de Dieu considéré comme l'auteur et la fin de notre nature, c'est le fondement sur lequel repose la certitude de l'immortalité. Si nous dépendons des conditions de la vie naturelle, nous avons en revanche la conscience de notre qualité d'enfants de Dieu qui nous donne la certitude de notre conservation personnelle et de notre perfectionnement par la réalisation de toutes nos aspirations. Et comme tous les peuples ont plus ou moins clairement connu cette vérité, que Dieu est le principe et la fin de tout être, qu'il est le père des hommes, toutes les religions ont au moins le pressentiment de la vie éternelle. Ainsi la conscience qu'il y a un Dieu a toujours engendré la certitude de l'immortalité, tandis que la négation n'a jamais laissé pour perspective que le vide du tombeau. Celui qui croit à un Dieu personnel et vivant et par conséquent fait découler sa propre vie de la source féconde de toute vie ne peut pas se nier lui-même. En professant que Dieu a voulu retracer sa propre image dans l'homme et par conséquent a voulu la faire durable, le croyant affirme la persistance de son être intellectuel. Notre destinée nous porte non pas vers la nature, mais vers le créateur de la nature et dès que nous reconnaissons que notre auteur est en même temps notre fin, nous acquérons une certitude d'immortalité que jamais plus aucun doute ne pourra ébranler.

Dieu, immuable et fidèle, miséricordieux et juste, ne peut rompre ses rapports avec l'homme ; il ne peut renier son enfant sur la terre. Ce bon père ne peut pas laisser toujours inassouvis les désirs brûlants qui émanent de lui et la joyeuse espérance qu'il a lui-même implantée dans nos cœurs. Le premier cri que pousse l'enfant en entrant dans ce monde s'apaise aussitôt sur le sein de sa mère. Et ce cri vers le bonheur qui part

_____

(1) Augustin, in *Jo. ev. tract.*, 47, 8, cf. *Confess.*, X, 6, 10.

du plus profond du cœur de tous les hommes et s'élève
sans interruption depuis le commencement de la vie
jusqu'à la fin ne serait jamais apaisé ? Le cœur lan-
guissant et vide de joie, au milieu même de la jouissance, ressemble à un homme qui mourrait de soif et
essaierait de se désaltérer avec de l'eau salée. Ce cœur
humain devrait-il se résigner à une longue série de
cruelles illusions et de terribles coups du sort pour finir
sous quelques pans de terre ? L'existence tout entière
ne serait-elle donc autre chose qu'une chaîne ininter-
rompue de projets renversés, d'espérances anéanties,
de travaux sans succès et de souffrances sans mérites ?
La pauvre âme ne serait-elle qu'un jouet d'espérances
finalement irréalisées et d'aspirations inassouvies ? Le
désir du bonheur ne serait-il qu'un long et plaintif
soupir qui s'évanouit avec le dernier râle du mourant
et va se perdre sans écho dans l'espace infini du monde ?
Dans ce cas, l'espérance même de l'immortalité serait
la plus grande et la pire des erreurs, ce serait la plus
cruelle injure faite au cœur humain. Non, Dieu n'est
pas ce père qui, voyant ses enfants privés du nécessaire et mourant de faim à la porte de sa maison, leur
donne une pierre au lieu de pain ou un serpent au lieu
d'un poisson. La foi en Dieu nous fournit la réponse la
plus décisive à la question de l'immortalité, car Dieu,
dans sa sagesse et son amour, veut un monde qui ait
un sens, et il faut chercher la raison de ce qui est dans
ce qui doit être. Si on donnait à la question une réponse
négative, la vie serait pour tous une énigme insoluble
et pour la plupart un malheur au-dessus de toute
expression. Alors la sentence qu'Homère (1) met dans
la bouche de Jupiter, à savoir, que parmi tous les êtres
de la terre, l'homme est le plus à plaindre, serait pleinement vraie, et le « pansatanisme » de Schopenhauer,
ainsi que le remarque avec beaucoup d'à-propos Otto
Liebmann dans son « Analyse de la réalité », ou le pessimisme d'Ed. von Hartmann serait la meilleure philosophie de la vie.

(1) HOMÈRE, *Iliade*, 17-4.

Et que resterait-il donc de l'idée de Dieu ? Un mot vide de sens, un nom sans personnalité. Sans l'espérance de l'au-delà, comme le dit très justement Max Muller (1), la religion ressemblerait à une voûte qui ne reposerait que sur une colonne, à un pont qui aboutirait à un abîme. C'est pourquoi, dans toutes les religions, la pensée de l'immortalité forme un complément essentiel et une manifestation spontanée de la conscience religieuse, dont cette pensée n'est à son tour que le brillant et vivifiant reflet. Il n'y a pas en effet de religion qui n'offre à ses partisans une adaptation adéquate entre sa volonté de vivre et la destinée de sa vie et qui ne fasse disparaître toute disproportion avec le monde en étendant l'existence humaine par delà les limites du monde, en la faisant aboutir à la communauté de vie avec la divinité vivante.

« Que me fait à moi ce Dieu que je nomme uniquement pour ne pas le nier, ce Dieu qui n'est autre chose qu'un mot plus propre qu'un autre à exprimer la puissance de la loi de causalité, un vocable qui donne une couleur d'humilité à la science en lui faisant reconnaître qu'il lui reste encore infiniment de choses à savoir au sujet de l'homme ? » Carneri sent tout le poids de ces paroles et ne sait pas donner d'autres conseils que celui-ci : « Croyez, si vous pouvez. » En effet la foi à un Dieu personnel et vivifiant subsiste ou disparaît avec l'espérance de l'immortalité. Celui qui rejette celle-ci perd le droit de se considérer comme la créature et l'image d'un esprit bienveillant et sage.

C'est pourquoi le christianisme qui a le mieux compris et le plus hautement apprécié l'idée de Dieu comme esprit personnel, a donné à l'espérance de l'immortalité un fondement si solide, que Leibniz pouvait dire que le Christ a établi la foi à une autre vie sur l'autorité d'un législateur et a ainsi fondé la religion de l'humanité, et puisque la conviction de la survivance des âmes a sa plus profonde racine dans la conscience

<hr>

(1) Max Muller, *Essais*, Leipzig, 1869, t. I, p. 41.

de l'existence de Dieu, il est facile de comprendre que
le cœur animé de sentiments chrétiens ait à peine
besoin de preuves pour croire à cette vérité vitale. C'est
un fait démontré par l'histoire du christianisme, que
l'acceptation de la foi chrétienne a toujours été récom-
pensée par la ferme espérance de la vie éternelle ; de
même dans le présent, toutes les manifestations de
l'esprit du siècle nous font voir clairement que la
croyance à une survivance personnelle augmente ou
diminue suivant que l'on accepte ou non la doctrine
chrétienne relative au salut. Parmi les sages du paga-
nisme, il y en a quelques-uns qui ont considéré la
survivance des âmes comme une exigence de la nature
humaine et une conséquence de la saine raison, mais il y
en a bien peu qui dans cette question de première
importance soient arrivés à une certitude complète
excluant le doute. Les peuples non-chrétiens ne se sont
pas élevés au-dessus d'une notion de l'au-delà, vague
et indéfinie. Mais celui qui se reconnaît comme l'image
de l'esprit divin, partant comme un être personnel
supérieur à tous les êtres de la nature, comme un être
qui n'existe pas seulement pour les autres, mais pour
lui-même, qui sent en lui-même le souffle de la vie
éternelle et divine, celui-là ne peut pas douter un seul
instant que sa propre vie ne soit éternelle. Le pieux
évêque Fénelon était si fortement convaincu de cette
vérité qu'il osait dire : « Lors même que l'âme serait
matérielle, il n'y aurait pas de raison de l'empêcher
d'être immortelle. » Telle est la solidité de la foi chrétienne touchant les âmes. Il passe à travers la religion
de Jésus-Christ un souffle ardent de pleine vie. Le
mot de vie éternelle est la base du concept du monde
donné par le Nouveau Testament, l'essence de l'Évan-
gile chrétien. Dieu est la vie et le chrétien a la vie et il
l'aura toujours. Celui qui voit le Fils et croit en lui,
celui-là possède la vie éternelle (1). « Je suis la résurrection et la vie ; celui qui croit en moi, ne mourra pas

____

(1) *Jo.*, 6, 40.

éternellement (1). » « Nous espérons au Dieu vivant. »
écrit saint Paul (2). Par suite de cette communauté de
vie avec le Christ la conviction de l'immortalité personnelle devient pour ainsi dire un fait d'expérience interne.

En présence des difficultés de la vie, seule peut nous
soutenir l'espérance d'un avenir meilleur.

« Le cœur jouit de la paix véritable lorsqu'il cesse
de battre. » L'homme doit vivre éternellement ; dès
lors, plus d'énigme sans solution, plus de conflit sans
apaisement. A la lumière de l'éternité l'existence
humaine apparaît comme un tableau resplendissant de
vrai bonheur, sur lequel les tristes heures de souffrance
du temps forment les ombres indispensables à la beauté
du tableau. Au contraire des chants des sirènes de la
fable antique qui séduisent l'âme et la plongent dans
la sensualité, l'accord des mélodies immortelles l'élève
au-dessus du monde des sens, de telle sorte que, domi-
nant les bas-fonds corrompus de la vallée, elle respire
l'air frais et pur de la montagne.

Le livre de la Sagesse
condamne les négateurs de l'immortalité.

Ils ne sont donc pas à envier mais bien plutôt à
plaindre, les incrédules « qui pensent faussement en
eux-mêmes et disent : le temps de notre vie est court
et plein de fatigues, et il n'y a aucun soulagement à la
fin de la vie ; on ne connaît personne qui soit revenu
de l'autre monde, car nous sommes nés de rien et
bientôt nous serons comme si nous n'avions pas été.
Dès que l'étincelle de notre cœur est éteinte, notre
corps devient poussière et notre esprit s'envole comme
un souffle léger. Venez donc et jouissons des biens
présents, hâtons-nous d'user des créatures, tant que
nous sommes jeunes. Enivrons-nous de vin et de par-

(1) *Jo.*, 11, 25, et s.
(2) I *Tim.*, 4 10.

fums précieux et ne laissons pas passer la fleur de la saison. Couronnons notre tête de roses, avant qu'elles ne se flétrissent. Que nul ne se dispense de prendre part à notre débauche ; laissons partout des traces de notre joie, car c'est là notre sort et notre partage. Opprimons le juste dans sa pauvreté, n'épargnons pas la veuve et n'ayons aucun respect pour la vieillesse et les cheveux blancs... Faisons tomber le juste dans nos pièges, parce qu'il nous est inutile et nous est à charge, parce qu'il s'oppose à nos œuvres et nous reproche les violations de la loi. Sa vue seule nous est insupportable. Voyons si ses paroles sont vraies. Éprouvons-le par les outrages et les tourments, condamnons-le à la mort la plus honteuse ; alors on pourra le juger d'après ses paroles... Ainsi pensent les impies et ils s'égarent, car leur propre malice les a aveuglés. Ils ne connaissent pas les secrets de Dieu, ils n'espèrent pas la récompense des justes et ne font aucun cas de la gloire réservée aux saintes âmes. Car Dieu a créé l'homme immortel et l'a fait à son image et à sa ressemblance (1). »

L'incrédule qui nie l'immortalité ne peut jamais être tranquille et content, puisqu'il ne peut pas se défendre contre les angoisses de la mort. S'il doute de la vérité de ses conceptions absurdes, il souffre de la crainte torturante de la responsabilité qu'il aura un jour. Et s'il n'en doute pas, il voit partout l'ombre du terrible spectre qui le menace à chaque pas de l'anéantissement total. Celui qui ne croit pas à la survivance éternelle de l'âme est sans consolation dans le malheur et sans joie dans le bonheur. Si le soleil de l'éternité ne luisait sur cette vallée de larmes, pleine d'ignorance, de misère et de péché, non seulement la vie serait une malédiction pour les pauvres, les malades et les persécutés, mais encore le petit nombre des favoris de la fortune verraient toutes les joies de la vie se transformer en amertumes devant le fantôme effrayant de la mort. Il faut disputer, pour ainsi dire, chaque plaisir à la faux de cette impitoyable moissonneuse. Celui qui

____

(1) *Sagesse*, 3, 1 et ss.

n'espère plus à l'au-delà est plus pauvre et plus malheureux que l'animal qui n'a aucun souci de sa fin. Volontiers et sans crainte l'agneau suit les autres victimes jusqu'au lieu du sacrifice et ne tremble pas devant le couteau luisant qui va mettre fin à sa vie. Sans se douter de rien il lèche le sang qui jaillit des veines des autres victimes jusqu'à ce que la main impitoyable du boucher l'arrache à son festin de mort et le jette lui aussi sur le banc du sacrifice. « L'homme qui était dans l'honneur, ne l'a pas compris ; il s'est abaissé au niveau des bêtes sans raison et il leur est devenu semblable (1). »

En résumé, sans la garantie de l'immortalité notre désir de connaissance et de moralité parfaites serait un martyre, notre conscience une monstruosité, notre crainte de la sanction une chose ridicule et enfin l'universalité et la persistance, la nécessité absolue et l'efficacité de la pensée de l'immortalité, telles que nous les trouvons chez tous les peuples, seraient un phénomène inexplicable.

Rejeter la croyance à l'immortalité, c'est méconnaître les droits de notre esprit.

« La vérité est le pain de l'esprit, » a dit Malebranche. La plupart des hommes cependant ne paraissent pas avoir une aussi grande faim de ce pain que du pain matériel ; il y en a même très peu qui s'efforcent d'atteindre la vérité pour elle-même et qui ne cessent de la désirer malgré les fatigues que leur coûte sa recherche. Le souci de la vie du corps et de ses besoins absorbe tellement le désir naturel de savoir, que bien souvent on se désintéresse à tort des choses intellectuelles. Plus les sens se portent vers le monde bruyant du dehors et s'occupent de ses affaires et de ses plaisirs, plus aussi s'appauvrit le monde intérieur, le soi-même,

____

(1) Ps. 48, 13.

qui est bien la meilleure partie de l'homme. Et c'est un phénomène incontesté que dans cette course sans trêve après les biens de la terre l'homme perd de vue les biens plus élevés qu'il ne peut ni voir ni toucher. Il en est qui paraissent partager l'avis de Mme du Deffant (1), à savoir, qu'un bon repas est une des quatre fins de l'humanité, qui fait même oublier les trois autres. Mais ces malheureux « dont le dieu est le ventre », n'ont-ils jamais expérimenté qu'un puissant désir de savoir fait oublier les nécessités de la faim, calme les plus grandes douleurs, étouffe les cris de la misère ?

Or, ce désir de savoir s'impose non seulement au penseur studieux mais encore à l'enfant curieux qui prête l'oreille aux contes de l'aïeule, à la femme du monde qui, après s'être nourrie des nouvelles du jour, se plonge dans les rêves d'un roman à la mode ou cherche au théâtre des émotions passionnantes, à toute la foule des oisifs enfin qui peuvent bien vivre sans travail mais non pas sans journaux et sans brochures instructives. Mais qui sait si le spectacle unique du ciel ne pourrait pas aussi les intéresser tous par sa nouveauté, sa magnificence et son éclat, si toutefois ce spectacle n'exigeait pas de l'homme l'effort, le sacrifice et la vertu ? C'est si vrai, que tout être humain subit un instinct secret qui le porte à une connaissance plus élevée, à l'élévation au-dessus des sens, bien que la vie extérieure l'environne de ses rêves inféconds, de ses jeux, de ses plaisanteries et de ses plaisirs incessants. Celui-là même qui paraît n'avoir d'autre préoccupation que de bannir l'ennui, semblable au pauvre tâcheron dont le souci du pain quotidien est la première et la dernière pensée du jour, voit passer devant ses yeux aux heures de silence les énigmes poignantes du monde et de la vie ; questions pressantes de l'origine et de la fin de l'homme, de l'existence d'un Dieu et de la survivance de l'homme. Dieu, âme, immortalité : autant de mots qui s'imposent à son examen, même au milieu des vicissitudes tristes ou joyeuses de la vie

______

(1) MARTINET, *Loesung grosser Fragen*, Tuttlingen, 1858, t. I, p. 72.

quotidienne. Ils saisissent l'esprit et le cœur avec d'autant plus de violence que plus constante aura été la préoccupation d'étouffer leur voix. Le sauvage lui-même, qui a généralement plus d'imagination que de philosophie, n'est pas, comme beaucoup le croient, si complètement enfermé dans les limites du monde des sens, qu'il lui soit difficile ou même absolument impossible de réfléchir à ces questions : d'où venons-nous ? où allons-nous ? Il regarde lui aussi en haut vers un être supérieur et il cherche à découvrir un monde meilleur. Or dans cette vie la soif des vérités suprêmes est plutôt excitée qu'apaisée. Par conséquent c'est dans une autre vie qu'elle doit être parfaitement satisfaite.

La soif de vérité excitée ici-bas
sera apaisée dans l'au-delà.

Lessing (1) a bien dit, il est vrai : « Si Dieu avait enfermé dans sa main droite toute la vérité et n'avait laissé dans sa main gauche que le désir sans cesse renaissant de la vérité, même avec cette condition que je me tromperais toujours, et qu'il m'eût dit : « Choisis », en toute humilité j'aurais choisi la main gauche et j'aurais dit : « Donnez, mon Père, car la vérité pure n'est certainement que pour vous seul ! » Le sceptique Jouffroy osa affirmer que l'homme peut arriver à la tranquillité d'âme « en reconnaissant clairement que et pourquoi la vérité lui est inaccessible ». Autant vaudrait essayer de consoler un malade en lui expliquant que et pourquoi sa maladie est incurable. Si le mot de Lessing était l'expression naturelle et bien comprise du désir de la connaissance, l'esprit de l'homme serait condamné à une bien misérable destinée.

Il devrait se consumer dans un désir éternel et des recherches sans fin et ne pourrait jamais arriver au repos ; il chercherait à avancer continuellement et il resterait toujours également éloigné de son but. Toute

(1) LESSING, *Werke*, t. X, p. 49.

sa destinée serait un effort sans issue et par conséquent
insensé, pareil à une chasse éternelle après un fantôme,
à l'inutile poursuite d'une ombre vaine, à une lutte
ridicule contre des moulins à vent. Toujours chercher
la lumière et continuellement tâtonner dans l'obscurité,
toujours travailler et ne jamais se reposer, porter à ses
lèvres la coupe de la vérité et avoir toujours soif, tourment sans récompense, guerre sans victoire : tel serait
le bonheur de notre âme ! « S'il ne m'était pas permis
d'arriver à la possession de la vérité, ce ne serait pas
la peine pour moi d'être né, » dit Sénèque (1). « Nous
ne pouvons pas, écrivait à ses parents, peu de temps
avant sa triste mort, le grand poète H. von Kleist,
qu'une philosophie à la mode avait précipité dans la
nuit du doute, nous ne pouvons pas décider avec notre
raison si ce que nous appelons la vérité est vraiment la
vérité ou si elle ne fait que nous le paraître. Et ainsi
s'évanouit mon unique et suprême but. » Il se mit en
contradiction avec Dieu, avec le monde et avec lui-
même, douta et désespéra de tout et finit par le
suicide (2).

Mais ici-bas personne n'arrive à posséder la pleine
connaissance. Nous ne pouvons puiser que quelques
gouttes au grand océan de la vérité et tandis que nous
les prenons, elles se troublent dans notre main ; nos
lèvres, après s'en être humectées, n'en sont que plus
enfiévrées. Le résultat le plus noble et en même temps
le plus triste qu'obtiennent nos savants, c'est de savoir
qu'ils ne savent rien. « Beaucoup de sagesse entraîne
beaucoup d'amertume et la peine augmente avec la
science (3). » On connaît l'aveu modeste de Newton (4) :
« Je ne sais pas en vérité ce que je parais aux yeux du
monde ; mais lorsque je vois devant moi l'océan
inexploré de la vérité, je me considère comme un enfant
qui joue sur le rivage de la mer et se divertit de trouver
de temps en temps un caillou poli ou un coquillage

(1) SENECA, *Quæst. nat. præf.*
(2) KAIFER, *Katholizismus und Wissenschaft*, Francfort, 1897, p. 16.
(3) *Eccl.*, 1, 18.
(4) BREWSTER, *J. Newtons Leben. Uebersetzt von Goldberg*, p. 283.

plus beau que les autres, tandis que l'océan de la vérité s'étend inexploré devant moi. » Sans doute la nature visible tout entière nous montre les traces de Dieu et réjouit le penseur de son image partout retrouvée ; l'auguste nom qui d'après les traditions les plus reculées est le premier dans la langue de tous les peuples, le nom de Dieu résonne à notre oreille à chaque pas. Mais un épais brouillard s'étend sur les traces de l'action et de la Providence divine ; de noirs nuages enveloppent l'image de Dieu et de furieuses tempêtes troublent de leur tumulte les sons harmonieux de la voix divine. Ici-bas tout savoir est incomplet et cette insuffisance est d'autant plus ressentie que la lumière de la raison et de la foi brillent plus clairement. Il viendra donc une heure où l'homme, image de celui qui est la vérité même, pourra se plonger pour toujours dans l'océan de lumière de la vérité divine. Et si cette heure ne devait jamais sonner, il s'ensuivrait que l'image serait reniée par son auteur.

Aussitôt que la mort aura dechiré le rideau qui le sépare de la lumière éternelle, l'esprit contemplera l'objet le plus élevé de sa connaissance, non plus comme dans un miroir mais face à face (1), non plus comme dans un reflet mais immédiatement en lui-même, non plus de loin mais dans la plus proche intimité, non plus seulement dans les œuvres de la création et les paroles de la révélation mais dans son être le plus intime, tel qu'il est, non plus en énigme mais en réalité. Alors tout brouillard se dissipera et toute nuée s'envolera ; alors la face du Très-Haut sera pour toujours immédiatement présente à l'esprit. L'auteur premier de toutes choses, le fondement ultime de toute perfection, la source première de toute béatitude laisse l'âme plonger ses regards dans les insondables profondeurs de son essence, dans l'abîme incommensurable de ses mystères, tellement qu'elle s'y reconnaît elle-même comme dans un miroir et y voit en même temps toute la création. Quelle surprise, quel

____

(1) I *Cor.*, 12. 12.

ravissement ce doit être, lorsque, à la place des pauvres expédients, des images, des comparaisons, des représentations de la terre on entre dans la pleine connaissance du ciel, lorsque le pressentiment et la foi se changent en contemplation amoureuse !

Le désir de perfection morale exige une vie future.

L'homme se sent destiné, non pas seulement à posséder la vérité, mais aussi à acquérir la vertu, quoique par suite de la faute originelle il soit incliné au mal. Sa conscience lui reproche le crime, avant même qu'il ne soit commis ; l'hypocrisie est, suivant le mot de Bossuet, un « hommage que le vice rend à la vertu » ; partout la vertu impose le respect : tout cela démontre assez clairement le côté moral de notre destinée. Or, ce but moral n'est pas non plus parfaitement atteint sur cette terre ; il réclame par conséquent impérieusement une vie future.

La morale stoïcienne est fondée sur une erreur de fait, car elle ne voit qu'un seul côté de la volonté humaine à qui elle attribue, en face des penchants de la nature, une indépendance telle, que toute influence troublante de la sensualité sur elle devient impossible. Le fameux Kant, dont la preuve de l'immortalité est si connue, affirme au contraire que la volonté morale, embarrassée qu'elle est dans les inclinations des sens, ne se réalise jamais que d'une façon imparfaite. Jusque-là, nous sommes d'accord ; où nous nous séparons, c'est lorsqu'il tire cette conclusion, que le développement moral doit toujours progresser à l'infini. Car un progrès sans fin est un progrès sans but et par conséquent ne vaut guère plus que l'absence de tout progrès. Si notre destinée est absolument inattingible, il nous est indifférent que la lutte pour y atteindre cesse pour toujours avec le dernier souffle, ou bien se perde dans un progrès infini et par conséquent sans issue.

La lutte si pénible entre la volonté et le devoir, entre

l'obligation rigoureuse et les penchants mauvais, l'aiguillon de la chair et les obstacles sans nombre que les appétits inférieurs opposent au développement moral de l'esprit humain raisonnable et libre, tout cela ne s'explique et ne devient supportable que si cette lutte et ces obstacles doivent servir de moyens de perfectionnement et de stimulants pour nous préserver de tout découragement dans nos efforts vers les biens supérieurs et impérissables, vers « ces trésors que ni la rouille ni les vers ne détruisent ».

La mort délivre le juste des attaques de la triple concupiscence. Il s'est débarrassé du « corps de péché » et il s'est libéré de cette « loi des membres qui s'oppose à la loi de l'esprit. » Tout différend est apaisé et l'opposition pénible entre la connaissance et la volonté, entre l'obligation et les penchants mauvais s'est changée en une harmonie parfaite de toutes les forces et de tous les désirs. Sorti de toutes les luttes et de tous les dangers, délivré de toutes les attaques et de toutes les tentations, le juste est pour toujours confirmé dans la sainteté parfaite. Il ne peut jamais plus faire un faux pas ni tomber ; il ne peut plus se souiller d'aucune tache. Il veut tout ce que Dieu veut et uniquement pour l'amour de Dieu.

La conscience morale confirme la foi en l'immortalité.

Si l'on ne reconnaît pas à l'âme une survivance en tant qu'être personnel et conscient de lui-même, la crainte d'une juste sanction et le désir d'une égalité parfaite entre la moralité et le bonheur n'ont plus de sens ; alors la conscience, qui nous fait pressentir dans l'au-delà un juge et un vengeur, est une illusion qui nous trompe et une chose contre nature. « La conscience morale est donc aussi contre nature, puisque c'est elle qui maintient chez les peuples la foi à l'immortalité de l'âme (1). »

(1) Paul Schanz, *Apologie des Christentums*, 2e éd., Fribourg, 1895, t. I, p. 66.

Cette conscience morale fait partie du patrimoine originaire et impérissable de l'humanité au même titre que la conscience de Dieu avec laquelle elle est inséparablement unie. Et si les coryphées de l'athéisme n'ont guère réussi à découvrir un peuple sans religion (1), les explorateurs n'ont pas davantage rencontré un peuple sans conscience, sans idée de moralité et sans loi morale. L'histoire comme l'ethnographie démontre qu'une moralité basée sur la religion et soutenue par la pensée de Dieu et de l'immortalité est un fait constant dans l'humanité. L'absence complète de mœurs, unie à un mépris et à une négation ouverte de la conscience, n'est pas une conséquence ou un signe du manque de civilisation, mais c'est plutôt, comme l'absence complète de religion, le produit d'un excès de civilisation déformant et défigurant la nature humaine. Le sauvage n'est certainement pas un ange de vertu, comme le prétendait Rousseau, mais il n'est pas non plus cet homme-démon, que quelques explorateurs superficiels ont voulu voir en lui. Il a ses vertus pariculières comme ses vices spéciaux. Même chez les peuples les plus moraux de l'antiquité, chez les plus fameux moralistes et les héros de vertu les plus célèbres du monde païen la conscience morale était souvent obscurcie et le sens moral renversé. Mais l'idée d'un auteur surhumain, gardien de l'ordre moral, fut toujours conservée même chez les races humaines descendues le plus bas dans le vice (2).

La conscience exige l'adéquation parfaite entre le mérite moral et le bonheur.

Tout homme entend dans sa conscience la voix d'un souverain et d'un législateur supérieur au monde, d'un accusateur et d'un témoin, d'un juge et d'un rémunérateur. Cet accusateur accuse sans indulgence et ce

(1) Wilh. SCHNEIDER, *Die Naturvoelker*, Paderborn, t. II. p. 317-413.
(2) Wilh. SCHNEIDER, *Allgemeinheit und Einheit des sittlichen Bewusstseins*, Cologne, 1895, p. 35 et ss.

témoin dépose avec impartialité. Ce juge se déclare inamovible et prononce sans appel. Ce rémunérateur est inexorable. L'âme coupable a beau se débattre, la conscience l'enchaîne, la tourmente et la martyrise : veut-elle fuir, la conscience l'arrête ; veut-elle se défendre, la conscience la met à la torture. Et tel est bien le misérable sort que Kant lui-même réserve à la raison. Cette orgueilleuse dominatrice, consciente de son pouvoir, se sent surveillée à son tour par un œil à qui rien n'échappe ; elle voit au-dessus d'elle une main qui consigne tout ; elle tremble à la pensée d'un jugement qui l'attend au seuil de l'autre vie (1).

L'âme pécheresse est un livre de comptes dans lequel dès ici-bas l'ange du jugement ne cesse d'enregistrer les dettes ; l'esclave du péché doit ainsi traîner avec lui son propre bourreau, en sorte que toute faute est punie en quelque façon même ici-bas. Il y a cependant un moyen de corrompre et d'adoucir ce bourreau : c'est la justice, car avec elle la paix habite dans l'âme. Mais cette paix doit-elle être le seul dédommagement pour toute l'injustice soufferte, pour les injures et les humiliations, pour les sacrifices et les privations sans nombre, pour les luttes et les épreuves dans lesquelles la vertu doit grandir, se purifier et s'éprouver ? Non sans doute, car aussi longtemps que le besoin de justice exigeant une compensation reste inassouvi, aussi longtemps l'âme est dans l'inquiétude, tourmentée par un aiguillon douloureux.

La justice de la terre n'a qu'une face ; elle punit mais ne récompense pas ; elle atteint assez souvent le péché extérieur, mais elle ne va pas jusqu'à la racine du mal, l'inclination mauvaise. Par conséquent l'âme doit survivre après la mort, pour recevoir le châtiment complet ou la pleine récompense. « Si l'âme est incorporelle, écrit Rousseau au VIe livre de son *Emile*, elle peut survivre au corps, et si elle lui survit, la Providence divine est justifiée. N'eussé-je point d'autre

____

(1) Wilh. SCHNEIDER, *Die Sittlichkeit im Lichte der Darwinschen Entwicklungslehre.* Paderborn, 1895, p. 31 et ss.

preuve que le triomphe des méchants et l'oppression des justes en ce monde, cette preuve seule me sauverait du doute. Ce désaccord si criard dans l'harmonie générale m'obligerait à en chercher l'explication ; je me dirais : tout n'est pas fini pour nous avec la vie, tout doit rentrer dans l'ordre après la mort. »

Le juste reçoit déjà une part de sa récompense, lorsque la foi se transforme en contemplation et l'espérance en possession, lorsque domine en lui cet amour qui a atteint sa fin suprême et par suite la paix et le bonheur. Incomparablement plus heureuse que l'enfant au sein de sa mère, l'âme repose dans le sein de son Dieu et ainsi mille fois dédommagée de la perte du monde, des soucis, des angoisses, des fatigues et des douleurs qu'elle a patiemment supportées. Le cœur de l'homme, capable d'aimer l'infini, ne peut être parfaitement rassasié et satisfait que par la possession et la jouissance de l'infini. Dieu, but de l'effort vertueux, en est aussi la récompense. Ce n'est qu'alors qu'il y a adéquation parfaite entre la vertu et le bonheur.

Insuccès des tentatives tendant à établir une disproportion entre le mérite moral et le bonheur.

Quelques négateurs de l'au-delà essaient d'atténuer la disproportion entre la vertu et le bonheur par la doctrine du plaisir prêchée par Aristippe, Epicure, Lucrèce, Helvétius, Jérémie Bentham ou Herbert Spencer. « La science, c'est le courage, » a dit l'un d'eux. Malheureusement de nos jours il suffit de bien peu de courage pour répéter cette pensée immorale, que l'égoïsme dans ses différentes ramifications ou l'intérêt personnel sous ses nombreuses formes est l'unique ressort et la meilleure ligne de conduite dans les choses morales, le fondement de cette morale purement humaine qui n'a pas besoin de religion. Carneri, à qui un panégyriste (1) reconnaît « une autorité toute spéciale pour parler de la moralité aux esprits cultivés qui la méprisent », dit avec le moraliste anglais Sidgwik : « Si l'on renverse le rapport de la vertu et du bonheur à tel point que celui-ci ne vienne que de celle-là, l'obligation de pratiquer la vertu se transforme en une obligation de rechercher le bonheur.

« Ce qui nous pousse nécessairement vers le bonheur c'est le sentiment développé de la conservation personnelle, et notre conscience réfléchie qui accompagne tous nos actes nous le présente sous l'aspect d'une obligation : c'est le désir de bonheur qui impose le devoir de la vertu. » Voilà comment « la lutte pour la vie » ou « la lutte pour le bonheur » se transforme en lutte pour la moralité. « L'espèce humaine qui s'agite devant nous, dit Carneri, possède une propriété remarquable : comme son être tout entier, toute son activité se développe en toute harmonie et personne ne s'approche de cette harmonie sans profit. L'homme aime cette harmonie et cet amour fait partie de sa vie ; il n'a jamais désiré l'impossible, et s'il pense à la mort, on peut lire dans le regard avec lequel il esquisse un sourire reconnaissant : j'ai vécu. Pour lui la lutte entre la raison et la volonté est devenue une fable d'enfant ; la nature est réconciliée avec elle-même. Et cet homme moral serait le dernier parmi les vertueux ? C'est possible, mais il est le premier parmi les heureux. »

Cette logomachie nous donne l'impression qu'avec de bonnes paroles on peut réussir à voiler le désaccord qui existe entre la vertu et le bonheur. Il n'en subsiste pas moins dans toute son acuité, puisque le dernier des vertueux peut être le premier parmi les heureux. Ce tableau de la vertu retouché dernièrement par Carneri ne présente aucun avantage ni pour la moralité ni pour le bonheur et il ne vaut pas plus que la sentence de Diderot : « Le bonheur et la vertu sont une seule et même chose. » Si en réalité le plus heureux était aussi le plus vertueux, il y aurait autant de notions de moralité et d'espèces de

<hr>

(1) *Allg. Zeitung.* 1881, Beil. n. 89.

vertu opposées l'une à l'autre qu'il y a de biens différents, dans la possession et la jouissance desquels on peut placer le bonheur. Alors la licence serait aussi morale que l'obéissance à la loi morale, le débauché grossier serait aussi vertueux que celui qui cherche la paix de l'âme dans le renoncement à soi et au monde. Présenter le sentiment de la conservation personnelle comme le seul fondement de la morale, c'est faire de l'égoïsme effréné la disposition vertueuse par excellence. D'après cela celui-là serait un homme parfait qui ferait passer avant tout son propre moi, son intérêt ou son plaisir personnel. Le lâche qui abandonne son drapeau et met ainsi sa vie et son bonheur en sûreté serait moralement supérieur au vaillant soldat qui tombe au champ d'honneur. Tous ceux au contraire qui font passer leur désir de conservation personnelle après l'intérêt commun et qui sacrifient leur bien-être personnel au bonheur de la société, seraient pauvres de moralité. En se plaçant à ce point de vue, l'harmonie de l'homme intérieur se rétablirait ou par un sophisme captieux ou par l'hypothèse absurde que la grossière sensualité serait aussi morale que son opposé.

L'opposition entre la raison et la volonté est-elle une légende ?

« La lutte entre la raison et la volonté est devenue une fable d'enfant, la nature s'est réconciliée avec elle-même », quelle précieuse découverte ! Si elle pouvait se vérifier dans la réalité, elle procurerait à son auteur une gloire immortelle et serait plus appréciée que toutes les conquêtes de la technique et de l'industrie. On pourrait y avoir d'autant plus de confiance qu'elle aurait été faite par un moraliste. L'apôtre saint Paul n'est pas le seul à nous instruire à ce sujet, quand il nous enseigne quelle est l'harmonie de l'homme intérieur, quel est l'accord entre la pensée et la volonté, quelle est l'équation entre l'actif et le passif moral. « *Video meliora proboque, deteriora sequor* » : tel est l'aveu troublant de la lutte terrible que déjà l'âme païenne a ressentie et cela d'autant plus douloureusement qu'elle faisait des efforts plus sérieux vers le bien. La vie de notre âme est traversée de luttes pénibles qui ont leur reflet dans le monde troublé et jusque dans la création inanimée. Il y a un état d'âme dans lequel le péché par suite de l'habitude est devenu un besoin sans que pourtant l'estime de la vertu ait complètement cessé.

Il y a une lutte non seulement entre la connaissance du bien et le penchant au mal, mais encore entre la volonté bonne et l'incertitude du jugement moral. Ce que la morale appelle un conflit de devoirs se présente à nous-mêmes dans les obligations ordinaires et journalières. Le soin du corps et le souci de l'âme, le précepte de la conservation personnelle et les égards pour la famille, la communauté et l'état, le cœur et la raison, l'indulgence et la sévérité, la douceur et la justice sont toujours en lutte. Et plus la conscience est délicate, plus grande aussi est ordinairement l'angoisse qui précède ou qui suit la décision. Des nuits sans sommeil sont la suite inévitable d'une journée pénible de travail surtout chez les hommes les plus nobles et les meilleurs, qui ont entrepris de répandre la vertu et le bonheur dans le monde et considèrent ce devoir de conscience comme le plus saint de leurs devoirs et qui pour ce motif éprouvent souvent des doutes de conscience dans des questions où il y va du bonheur ou du malheur de milliers d'êtres.

Les positivistes pensent que le progrès est le fondement du bonheur et de la vertu que notre nature exige.

L'affirmation des positivistes, que l'on peut vivre heureux, et par conséquent, vivre moralement dans toutes les conditions, ne peut tranquilliser ni notre sentiment d'humanité, ni notre intérêt moral, puisque d'une part des millions d'hommes mal partagés sous le rapport des conditions du bonheur luttent en vain pour

une situation à demi heureuse et assez digne d'un
homme et que d'autre part plusieurs des « heureux du
siècle » ne sont rien moins que contents et vertueux.
La consolation, qu'une amélioration des rapports écono-
miques par le progrès continu de la civilisation aidera
à donner à chacun une existence heureuse et morale,
ne peut satisfaire que des rêveurs et des utopistes.
Mais à quoi bon, demande le célèbre économiste
Schaeffle (1), ce mouvement de la vie, tantôt ascendant,
tantôt descendant, où les cris de douleur succèdent
aux cris de joie ? A rendre les hommes plus heureux,
disent la plupart. Seulement les meilleurs ethnographes,
pour si divergentes que soient d'ailleurs leurs opinions,
s'accordent sur ce point pour répondre par la négative...

Mais à quoi sert-il donc alors ? La réponse à cette
question peut nous être donnée par l'homme le moins
cultivé ; ce ne sera pas une réponse scientifique, mais
simplement une réponse basée sur le pressentiment et
sur la foi. »

L'histoire de la civilisation a ses alternatives de
trouble et d'activité ; le progrès est parfois interrompu
par des crises aiguës et de terribles catastrophes à la
suite desquelles le bonheur de la vie, comme la vertu
de millions d'hommes sont mis à la plus rude épreuve,
et la nouvelle vie qui renaît des ruines, porte en elle le
germe de la mort. Le développement humain, prend
sans doute une direction ascendante, lorsque les pro-
moteurs de la civilisation disparaissent et n'emportent
pas avec eux les biens qu'ils ont conquis, lorsqu'un
peuple mourant laisse à un autre plein de vie un riche
héritage qui ne demande qu'à fructifier encore. Le
progrès dépend de la coopération harmonieuse de toutes
les forces de la civilisation, et ne mérite vraiment son
nom que lorsqu'il est conditionné par la recherche
des biens, d'après l'échelle de leur valeur et de leur
nécessité. Ils se glorifient des services rendus à la cause de
la civilisation et du bonheur humain, les matérialistes,

(1) Alb. Schaeffle, *Bau und Leben des sozialen Koerpers*. Tubingue, 1875, t. IV, p. 479.

les éthiques, les esthètes, les économistes et les politiciens qui blasphèment la foi en Dieu et à l'immortalité
de l'âme, qui la considèrent comme une invention clé-
ricale et un conte de vieille femme, qui nient l'idéal
moral et donnent l'égoïsme comme le seul mobile
raisonnable, et le plaisir comme la seule mesure juste
de nos actions. Mais leurs doctrines sont au contraire un
danger pour la civilisation et un signe infaillible de
décadence, puisque une telle conception morale ne
suppose que l'exploitation de la nature sans frein et
sans noblesse, un essor purement économique, qui
enrichit quelques-uns aux dépens des autres, excite des
appétits illégitimes et rabaisse la notion de la science
et de l'art.

Notion du progrès d'après la science athée.

Les espérances de bonheur et de vertu des philosophes
prétendus réalistes sont démenties par les faits de l'histoire et par les expériences du présent. Une civilisation
matérielle excessive risque de finir dans la sauvagerie
d'un Rousseau ou la barbarie d'un Robespierre. Le
premier s'écrie : « Allez dans les forêts et devenez des
hommes, » tandis que le second entreprend de réaliser
son rêve d'une république vertueuse et prospère en
appauvrissant les riches et en décapitant les grands. Les
hommes ne deviennent ni plus heureux ni plus moraux
parce qu'on leur fait croire qu'on a opéré de grands
progrès dans l'excitation des besoins des sens et dans
l'augmentation des plaisirs et des biens matériels.

Le concept antichrétien du monde d'après lequel le
progrès de la civilisation, qu'il se glorifie de promou-
voir, réconcilierait la moralité et le bonheur et les
développerait en même temps tous deux, est précisément la cause de tous les graves dangers qui menacent
la grandeur des peuples et des individus. Il met le
désordre dans les pensées et affaiblit les forces morales ;
il enfante le doute et pousse au désespoir ; il tourne en
dérision la foi à une destinée supérieure et l'effort pour

y arriver ; il égare les masses en les conduisant au sot orgueil et au mécontentement, à l'endurcissement du cœur et à la dépravation des mœurs ; il allume en elles la haine de tout ce qui existe et après qu'il leur a enlevé leur dernier appui moral, il les abandonne avec un froid sourire à leur triste dénuement. La libre-pensée antireligieuse, qu'elle s'affuble du nom de philosophie, de science, d'histoire ou d'économie, est toujours la cause du déchirement intérieur et des divisions extérieures, de la désespérance et de la révolte, du dégoût de la vie et du suicide. Ces rationalistes observent l'humanité et lorsqu'ils ont constaté qu'il n'y a plus en elle de soupirs vers Dieu et la vie éternelle, ils se déclarent satisfaits et ils disent : tout va bien. Et n'avons-nous pas entendu aussi la poésie chanter, dans une plainte funèbre, les nombreuses victimes du suicide, qu'un lent et progressif dépérissement de la vie morale conduisait comme fatalement au désespoir (1).

La science se fait gloire d'avoir dégagé l'esprit humain du concept étroit et expiatoire de la vie, tel que l'avait formé la religion et de l'avoir soumis à la loi de Darwin sur la sélection et la transmission héréditaire. D'après cette loi la « lutte pour la vie » oblige les hommes à améliorer par des efforts incessants les conditions de leur vie, consolide et développe les perfections acquises par l'hérédité et ne permet qu'aux hommes, aux peuples et aux races les plus fortes de se perfectionner et de se reproduire, tandis qu'elle condamne les faibles à disparaître.

La « loi de la population » de Malthus émane de cette prétendue « loi de la nature ». « La tendance naturelle à la multiplication tend d'après son énergie vers quelque chose d'impossible ; la nécessité de vivre cherche avidement les conditions les plus favorables de la vie. Il est grand le nombre de ceux qui se pressent dans la vie et bien petit le nombre de ceux qui peuvent

____

(1) Mazaryk, *Der Selbstmord als soziale Massenerscheinung,* Vienne, 1881, p. 75.

se conserver et perfectionner tranquillement leur vie. Telle est la volonté de la nature. On peut bien l'appeler barbare et incompréhensible cette grande Isis, mais il n'en faut pas moins obéir à ses ordres. Elle ordonne que beaucoup de ceux qui entrent dans la vie cèdent la place à d'autres avant d'avoir porté des fruits, parce que l'espace est trop étroit. Et si l'on ne se retire pas assez tôt, on languit et on dépérit lentement et c'est là le sort le plus fréquent. O mère-nature pleine de mystères, comme ton cœur est dur pour nous ! Plus notre cœur est riche en miséricorde et plus nous voulons nous intéresser aux pauvres et aux malheureux, plus tristement aussi tu formes notre être et notre vie. Tu fais de notre douceur la source de la plus grande misère. A cause de ta loi la bienfaisance devient la plus dure cruauté. A la plupart la nature refuse même le nécessaire ; ce n'est qu'au petit nombre qu'elle donne le superflu. Elle a cependant malgré cela implanté en nous le désir et la capacité d'une multiplication rapide. Cette contradiction est pour nous une haute révélation. Par la misère et le malheur de la foule luttant pour l'existence la nature veut faire monter un petit nombre d'heureux jusqu'au plus haut degré de la civilisation corporelle et intellectuelle. Vous avez beau dire que la nature est aveugle, la loi exposée n'en reste pas moins. La misère la plus profonde pour tous ou bien une vie heureuse pour le petit nombre et corrélativement une condition misérable pour la majorité : telles sont les deux seules choses possibles. Il faut en passer par là (1). »

Le complément de cette loi de la population est la « dure loi des salaires » d'après laquelle le salaire de l'ouvrier ne peut pas s'élever au-dessus des moyens de satisfaire les besoins strictement nécessaires de la vie tant que la classe ouvrière néglige de régler le nombre de ses membres sur la quantité de capital à distribuer comme salaire, en d'autres termes, tant qu'elle néglige de restreindre le développement de la famille.

(1) Wilh. NEURATH, *Volkswirtschaftliche und sozialphilosophische Essays*, Vienne, 1880, p. 53.

L'école de Manchester a accueilli avec plaisir la découverte de cette « loi de la nature » et a gratifié son inventeur d'honneurs et de dotations. Si, comme s'exprimait Malthus, « il n'y a pas de couvert mis au grand banquet de la nature pour le prolétaire », c'est la nature ou le prolétaire lui-même qui sont responsables de ce triste sort. Le socialisme s'est formé à l'école du Darwinisme. Les « déshérités » sont profondément convaincus de l'existence de la prétendue loi naturelle de la sélection dans la lutte pour la vie, lutte rendue inévitable par le désir de la conservation personnelle ; mais ils voudraient voir les rôles changés. S'il est vrai que dans cette lutte implacable pour le bien-être de la terre la victoire décisive doit appartenir à ceux qui ont le plus d'habileté et de force, les vainqueurs devraient être non pas le petit nombre des riches, mais la masse des prolétaires, « les mains calleuses des innombrables travailleurs ». De même qu'autrefois le Tiers-Etat a préconisé la concurrence sans limites comme la source de tout bien-être et de toute moralité, de même la social-démocratie fondera une nouvelle ère de bonheur et de vertu sur la révolution complète, le cas échéant violente, de tout l'ordre économique et social existant. Et ce bouleversement serait pour l'humanité un fléau incomparablement plus terrible que la tyrannie du capital ne l'a jamais été et ne peut l'être.

Chaque génération a attendu du progrès de la civilisation une amélioration des conditions matérielles et morales, et chaque génération est descendue dans la tombe avant de voir ses espérances réalisées. Après tant d'amères illusions enregistrées par l'histoire des peuples, les philosophes et les politiciens, les économistes et les moralistes devraient enfin commencer à croire que, malgré les conditions de vie les plus parfaites possible, l'égalité entre la vertu et le bonheur doit rester ici-bas à l'état de vœu. Et ceux qui se sentent appelés à secourir et à sauver nos malades et nos infirmes devraient avant tout se convaincre que les véritables maux contre lesquels l'éducateur et l'homme d'état doivent surtout lutter, ce sont les maladies dont souffre le cœur de la société ou l'âme du peuple. C'est pourquoi les réformes sociales et politiques, même les meilleures, si elles ne font que toucher au côté extérieur, n'atteignent pas le mal jusque dans sa racine. Ce n'est pas la possibilité d'obtenir un peu plus d'or, de culture ou de liberté qui réconciliera les hommes avec la vie, augmentera sa valeur morale et bannira l'improductive lassitude de l'existence.Le Christ ne fut ni un homme d'état ni un économiste, mais par sa parole et par ses exemples, par son esprit et par sa grâce il a renouvelé la face de la terre. Il a amélioré le monde au point de vue moral et matériel, parce qu'il a amélioré l'individu, nourri son esprit, consolé son cœur, fortifié sa volonté et ennobli son caractère. La société moderne ne peut être sauvée que par un retour sincère à la foi vivifiante à Dieu et à la vie éternelle. La religion doit être non seulement enseignée mais encore aimée et pratiquée. Les enseignements de l'histoire seraient bien plus efficaces, si les hommes ne se laissaient pas emporter par une vaine présomption et ne voulaient pas toujours recommencer leur éducation et leur philosophie en renouvelant personnellement les cruelles expériences du passé.

La « réconciliation de la nature avec elle-même. »

Ceux que l'on comprend le moins, ce sont ces moralistes qui se vantent de pouvoir apaiser le conflit entre la vertu et le bonheur par des consolations basées sur les fruits d'un progrès civilisateur ennemi de la religion. Herbert Spencer, W.-H. Rolph, B. Carneri, Alfr. Barratt et d'autres prêcheurs de morale de l'école évolutionniste nous enseignent que l'obligation de la vertu se résout en une impulsion nécessaire vers le bonheur et que la lutte pour la vie se transforme en une lutte pour la moralité. Mais cette prétendue « loi de la nature », sur laquelle s'appuie cette philosophie nouvelle, réclame impitoyablement, ainsi que nous l'avons déjà vu, une lutte à mort, puisqu'elle ne permet que deux choses : ou la misère noire pour tous ou bien le bonheur pour un petit nombre. La nature qui d'une part a mis en chacun de nous l'instinct indestructible de la conservation et d'autre part nous ordonne d'obéir à cette triste loi, paraît donc en flagrante contradiction avec elle-même. Néanmoins Carneri prononce le grand mot : « La nature s'est réconciliée avec elle-même. » La résignation est le digne complément de la satiété scientifique d'Emile du Bois-Reymond (1) : « Connaissant les limites infranchissables qui ont été une fois assignées à la raison humaine, il ne demande pas à les dépasser. Arrivé à ce sommet du Pyrrhonisme, il s'y tient sans vertige, méprisant le vide béant qui l'environne ; il cherche à le remplir avec son imagination et il regarde sans frayeur le travail impitoyable de la nature sans Dieu. »

Nos adversaires n'admettent point la preuve d'une existence future basée sur les exigences d'une équation à établir dans un autre monde entre le bonheur et la vertu. L'adversaire le plus acharné, c'est le docteur F. Strauss (2) qui considère la foi à l'immortalité comme le dernier bastion que la critique doit renverser. Son arme d'attaque, c'est la morale stoïcienne déjà acceptée par Spinoza, Kant, Bayle, Hégel, etc..., et il prétend que la vertu doit être pratiquée uniquement pour elle-même et pour le bonheur que la nature y joint toujours, mais non pour une autre récompense dans un monde meilleur ; ce serait, dit-il, un égoisme immoral. Car, « qu'est-ce que l'immoralité, si ce n'est précisément de vouloir que la vertu et le bonheur existent sous une double forme dans un seul homme ? Celui qui ose soutenir qu'une compensation à venir est nécessaire, celui-là montre seulement qu'il n'a pas

____

(1) E. du Bois-Reymond, *Darwin versus Galiani*, p. 29.
(2) Dav. Fréd. Strauss, *Die christliche Glaubenslehre*. Tubingue, 1840, t. II, p. 706.

encore distingué l'extérieur de l'intérieur, l'apparence de l'essence même ; celui-là n'a pas un esprit mûr et il n'a aucun droit de prendre la parole dans une question comme celle-ci. De même celui qui a encore besoin pour lui-même de l'espérance d'une récompense future pour le stimuler à bien agir, celui-là n'est encore qu'au seuil de la vraie moralité. » Ed. von Hartmann ajoute encore « qu'il faut se sacrifier et s'abandonner courageusement au processus du monde », c'est-à-dire à l'anéantissement de soi-même, dans lequel l'absolu inconscient cherche sa délivrance ; « la moralité est la coopération à l'abrégement de ce chemin de douleur et de délivrance ». Les philosophes péripatéticiens en grand nombre répètent, chacun à sa façon, que le renoncement à la survivance personnelle est un des principaux commandements de la moralité.

La nouvelle morale stoïcienne
combat la doctrine de l'immortalité.

Nos moralistes exaltés qui, entachés de stoïcisme et de jansénisme, ne veulent reconnaître comme vraiment et parfaitement morale que la vertu pratiquée par l'amour de Dieu pur et désintéressé, abstraction faite de tout bonheur personnel, devraient plutôt étudier de plus près les philosophes auxquels ils se réfèrent et avec lesquels ils prétendent conserver la vraie notion de moralité sans vie future. Car, dit Spinoza (1), le désir d'immortalité serait une déchéance de l'idéal moral, du parfait amour de Dieu, puisqu'on doit aimer Dieu sans attendre de sa part un amour réciproque.

Mais, si vouloir vivre éternellement c'est être égoïste, on l'est déjà quand on désire seulement vivre ici-bas, et si la volonté générale de vivre est de l'égoisme, la vie de tous est aussi un acte d'égoïsme ; cependant l'opinion générale des hommes ne considère point cela comme une faute. D'autre part, si le renoncement à la

(1) SPINOZA, *Etic*, P. V., prop. 13.

vie naturelle est un renoncement à soi, le renoncement à toute vie, le suicide volontaire est le plus élevé. On n'ignore pas que leur doctrine même a été pour les stoïciens la cause de leur plus grand malheur. Leur conception étroite de la vertu, leur indifférence vis-à-vis du monde extérieur, la majestueuse dénomination de leur volonté ne leur ont pas procuré assez de consolations pour résister à la pensée du suicide, dont ils proclamaient d'ailleurs la légitimité. C'était chose aisée pour le stoïcien de faire parade d'une insensibilité qu'il pouvait commodément acheter par un « *salto mortale* » et l'on sait combien de fois ils y eurent recours dans des situations bien moins critiques que ne le fut celle de Caton. Les héros de la vertu stoïcienne étaient fiers de leur victoire sur la douleur, mais cette victoire était obtenue par la fuite de la vie ; ils vantaient comme grandeur d'âme ce qui, considéré de plus près, n'est que faiblesse d'esprit. C'est, en effet, en montrant à Hercule que la mort volontaire n'est pas autre chose qu'un signe et un acte de folie de l'esprit et de défaillance morale que Thésée le guérit de ses pensées de suicide.

Faites le bien pour lui-même, remplissez votre devoir uniquement parce que c'est votre devoir, aimez et pratiquez la vertu uniquement et simplement pour l'amour de la vertu, ce commandement est si élevé qu'il ne repose que sur des invraisemblances et que son accomplissement échappe aux conditions ordinaires de la vie et à la nature de l'homme. Toute morale doit s'accorder avec les aspirations fondamentales de la nature humaine et avec la loi essentielle de son activité. Or la fin suprême de toutes les aspirations et de tous les efforts, c'est le bonheur parfait. Même les sentiments les plus généreux, les actions les plus désintéressées et la vertu la plus pure obéissent, sans qu'on s'en doute, aux impulsions de l'amour de soi qui cherche le bonheur. Nous ne pourrions même pas aimer vraiment le bon Dieu, s'il n'était le souverain bien que pour lui-même et ne l'était pas aussi pour nous. Notre cœur est ainsi fait qu'il ne peut aimer que ce qui a rapport à nous et à notre bien-être, ce qui garantit ou promet une satisfaction à notre désir inextinguible de bonheur. Il est facile en théorie de considérer comme méprisable cette recherche du bonheur dans l'accomplissement du devoir, mais dans la vie réelle rien ne la supplée.

La vie pratique a d'autres lois que la vie spéculative. A l'opposé de la morale rêveuse du désintéressement, les néo épicuriens ont prêché la morale du plaisir. Pour eux le progrès de la vie et la joie de la vie sont la destinée suprême ; l'acquisition et l'usage des biens de la vie sont la seule occupation naturelle et obligatoire de chacun. Le droit de propriété n'est autre chose que le droit de jouir, puisque la propriété rend la jouissance possible et assurée. Chacun a le droit naturel, en vertu de sa liberté personnelle, d'acquérir la plus grande somme de jouissances. Le but final de toutes les lois civiles qui règlent la vie économique et sociale est la sauvegarde de la liberté personnelle dans la vie du travail et de la jouissance. Le laisser faire, laisser passer est une conséquence funeste mais inévitable de ces principes. Et avec cela ces jouisseurs ne cessaient de parler de moralité et de vertu, mais ils en faussaient le sens et ils n'entendaient par là rien autre chose que les lois de la vie de jouissance. Les économistes qui donnèrent le ton au siècle dernier ont enseigné l'égoïsme insensible et effréné sous le nom moins repoussant d'intérêt personnel bien entendu et de liberté personnelle ; ils en ont fait un axiome scientifique et la vie économique s'est formée sur cette loi de l'égoïsme et du plaisir des sens : le pur égoïsme qui ne recherche que le gain et le plaisir est l'unique ressort de toute notre activité.

Le cri d'alarme « revenez à la morale désintéressée » ramènera-t-il l'humanité à l'obligation du renoncement et de la charité, unira-t-il de nouveau les membres de la société en un seul corps social, réconciliera-t-il les classes qui luttent à mort l'une contre l'autre ? Nous avons tout lieu de craindre qu'il n'en soit pas ainsi. Il est en tout cas souverainement odieux de voir des hommes s'autoriser d'une part de la science pour tourner en dérision l'espérance de l'immortalité comme étant une disposition inutile et immorale et arracher ainsi au peuple sa foi à un idéal quelconque et prendre d'autre part un air pieusement hypocrite pour prêcher la pure morale.

Dans le système stoïcien la morale et le bonheur s'excluent. Et alors même qu'on pourrait établir un accord entre les deux, ce ne serait jamais qu'à la condition, que les concepts stoïciens de vertu et de bonheur correspondraient à l'idée vraie qu'on doit s'en faire. Or ce n'est pas le cas. En effet, il n'est pas possible de donner le nom de vertueux à celui qui se retranche avec une orgueilleuse suffisance derrière son moi et qui néglige ou regarde avec mépris tout ce qui est en dehors ou autour de lui ; qui, sur une hauteur inaccessible perdue dans les nuages, juge le monde entier, insensible sans doute aux offenses venant d'autrui, mais aussi insensible aux maux d'autrui ; qui pour ses concitoyens n'a pas d'autre salutation que le « *Odi profanum vulgus et arceo* » et croit trouver dans ce mépris orgueilleux du monde et des hommes le summum du bonheur. Il est facile de voir qu'avec une telle arrogance la plus grande perfection morale et la pauvreté peuvent très bien exister, qu'il y a en réalité une recherche de soi plus immorale que ce prétendu égoïsme qui nous fait attendre une récompense dans l'au-delà.

L'homme vraiment vertueux cherche à réaliser le concept de la bonté morale par une soumission parfaite de sa volonté propre à la volonté divine. Mais il ne lui suffit pas de mettre sa vie intérieure et extérieure en harmonie avec les commandements de Dieu, il doit souhaiter ardemment que le bien se fasse partout et par tous. Il considère l'humanité non comme une collection d'individus qui ne vivent ensemble qu'extérieurement, mais comme un organisme vivant, dont les parties sont intimement unies et qui doit en tant que « tout » se pénétrer de l'idée de la vertu et se former selon l'idéal de la vertu. Le chrétien voit la perfection de la loi morale dans l'amour de Dieu et du prochain, et par conséquent sa destinée, pense-t-il, n'est pas seulement de procurer le salut et le bonheur de son âme propre, mais aussi de travailler au salut du prochain. Il se sent disposé, à l'exemple de celui que le Père Céleste lui a donné pour frère, à donner sa vie pour ses frères. Cet amour nous explique le mystère du sacrifice qui sera toujours la gloire du christianisme.

Tandis que le héros de la vertu stoïcienne cherche la mort pour délivrer son moi des misères de la terre, le chrétien vertueux reste ferme dans les souffrances et cherche encore à vivre pour son prochain. Il ne doit ni ne peut se renfermer en lui-même dans un exclusivisme dédaigneux, qui ne se soucie nullement si le monde est dans le malheur et court à sa ruine, pourvu que son égoïsme y trouve son compte. Plus humblement il s'est soumis à la volonté divine et plus il est devenu un avec elle, plus aussi souffre-t-il de voir l'opposition qu'il y a entre le monde tel qu'il devrait être, et le monde tel qu'il est en réalité. Et c'est pour cela précisément que l'homme vertueux, malgré la joie de la conscience, récompense du fidèle accomplissement de son devoir, est si péniblement impressionné par le contraste qu'il y a entre sa volonté bonne et les tendances perverses du monde. Plus il met de zèle et de loyauté à lutter pour le bien, plus il a à souffrir de la contradiction et de l'opposition du mal. Et si notre thèse avait encore besoin d'être confirmée par l'expérience, il suffirait de jeter un regard sur ces héros de la vertu qui n'ont pas seulement parlé avec éloquence de la vertu, mais l'ont surtout pratiquée toute leur vie. Ce qui les maintenait dans leurs bonnes dispositions, c'était la foi à la puissance invincible du bien, l'espérance de la victoire finale du bien sur le mal et la ferme confiance qu'un soldat valeureux ne peut manquer d'être couronné.

La vertu et le bonheur sont-ils conditionnés par la coopération à la prétendue harmonie générale du monde ?

Mais que devient cette foi et cette espérance dans l'hypothèse d'un développement purement terrestre, quoique illimité, se traduisant par le progrès constant du monde ? Le bien n'arrive nulle part ici-bas à son plein épanouissement et il n'est jamais reconnu comme il le mérite. Nous avons déjà démontré plus haut le peu de valeur d'un progrès sans fin qui, n'étant que terrestre, demeure toujours également éloigné de son but final. On ne devient moralement bon et heureux, affirment nos adversaires, que tout autant qu'on parvient à contribuer à l'harmonie générale du monde et qu'on a conscience de cette activité. Mais combien peu y contribuent d'une manière appréciable ! Et combien peu aussi jouissent au milieu des tribulations et des misères journalières de la vie terrestre de cette harmonie qui doit résulter de leurs efforts ! Parfois même ceux qui y ont le plus contribué sont ceux qui en jouissent le moins.

Cette proportion inverse d'efforts produits et de jouissances acquises s'affirme à chaque stade du processus du monde. Les illusions accumulées s'évanouissent devant des douleurs toujours plus amères, et il se produit un conflit de plus en plus aigu entre la vertu et sa récompense. D'ailleurs l'homme n'a pas seulement une fin et une raison d'être en tant que faisant partie d'une espèce ou du monde entier. Puisque par sa pensée consciente et par sa volonté libre il se comprend et se saisit lui-même dans son individualité, il n'est pas seulement un nombre du tout, mais il est encore en lui-même un tout. Lui demander de faire abstraction et de se désister du droit de sa personnalité, d'abandonner son ê re et son moi, ce serait lui donner le suicide comme but suprême. Tant qu'il croit en lui-même comme en un être particulier personnel, il ne doit pas renoncer à sa destinée spéciale, qui est de réaliser en lui-même l'idée du bien et de procurer sa réalisation dans les autres. Mais une lutte pour la vertu, qui est entreprise et continuée avec la conscience qu'il n'y a rien à espérer, n'est-elle pas précisément sans but et dépourvue de sens ? Si la conscience de pouvoir coopérer à l'harmonie du monde, qui est éternellement en voie de se produire et par conséquent n'est jamais réalisée, est la seule récompense du travail de toute une vie, le seul dédommagement de fatigues et de privations continuelles, alors il ne vaut plus guère la peine de faire le moindre effort.

Aveux des libres penseurs touchant la valeur morale de l'espérance en l'immortalité.

Cette opinion ne saurait guère convenir à ceux qui appellent l'attente d'une survivance personnelle un égoïsme maladif. « Pour la plupart des hommes, avoue A. Spir (1), c'est précisément la foi à l'immortalité, qui est le soutien et le stimulant de tout noble effort. Sans elle ils se croient irrémédiablement perdus sous la tyrannie des plaisirs sensuels et des penchants mauvais de la nature. C'est pourquoi exiger qu'ils renoncent à la foi à l'immortalité, précisément au nom du noble effort et de la haute conscience, leur paraît presque une monstruosité. » Spir cherche à adoucir sa doctrine vraiment monstrueuse, en disant « que nous ne sommes pas des substances réelles, que nous ne possédons pas un être véritable, que nous n'avons pas vraiment un contenu propre, que notre individualité est intérieurement vide et que son contenu n'est qu'illusion. » Nous ne croyons pas faire tort à une « individualité intérieurement vide » en trouvant que le langage qu'elle tient est absolument vide de sens.

« Lorsque nous réfléchissons sur l'impression générale que nous laissent nos imaginations et nos pensées, la joie de l'existence nous paraît bien près d'être complètement disparue. C'est comme si un lourd fardeau pesait sur l'humanité. » Ces paroles ont été écrites par Hermann Grimm à l'occasion du 200ᵉ anniversaire de l'Académie des Beaux-Arts de Berlin (1896). Pleinement d'accord avec ce savant artiste, Albert Eulenburg, professeur à la clinique des maladies nerveuses de l'Ecole supérieure de Berlin, a fait dans la salle de

---

(1) A. Spir, *Schriften zur Moralphilosophie*, Leipzig, 1865, p. 191.

cours de l'Exposition industrielle à Berlin un tableau
du genre humain dont personne n'a le droit d'être fier.
« Une génération d'hommes qui par la réceptivité infiniment développée de son être, de sa fortune, de ses
dons, de ses créations ne peut devenir heureuse, est
une génération sans foi ni en elle-même, ni en l'avenir,
sans confiance loyale même dans cette évolution naturelle que des esprits superficiels nous représentent toujours comme notre but suprême. Une génération qui a
peur de sa ressemblance avec Dieu : tel est le mal
produit par le concept mécanique du monde si légère-
ment accepté, tel est le fruit tardif du matérialisme
aux apparences scientifiques, que tous les hommes
supérieurs ont sans doute longtemps repoussé, mais
qui existe encore dans certaines sphères intellectuelles (1). »

Jean Scherr (2) concluait à son tour sa dernière
conférence par ces paroles : « On ne trouvera jamais
de solution à cette grande énigme : pourquoi l'homme
et à quoi bon l'histoire du monde ? Nous devons nous
résigner à l'ignorance et faire le travail imposé, comme
nos ancêtres durent le faire et comme nos descendants
le feront. Et ce serait là le résultat, la consolation que
l'histoire du monde pourrait obtenir et nous distribuer ? Je ne connais point d'autre résultat, d'autre
consolation. » Le même auteur (3) a porté un jugement
négatif sur ce concept désespérant, lorsqu'il dit du matérialisme : « Cette doctrine implante, sans le vouloir,
au cœur de l'homme une résignation déprimante et si
elle prédominait, elle ne devrait produire qu'un abais-
sement total de l'humanité au physique et au moral.
Car qui voudrait et qui devrait encore se donner de
la peine, qui voudrait faire des efforts et lutter, si les
destinées de l'humanité s'accomplissaient avec la
régularité monotone et mécanique, avec la continuité
immuable du lever et du coucher des astres ? » Le

(1) *Die Zukunft*, Berlin, 1896, n° 46, p. 308 et s.
(2) *Letzte Gaenge*, von Joh. SCHERR, Stuttgard, 1887, p. 183.
(3) SCHERR, *loc. cit.*, p. 130.

libre-penseur belge, le professeur Emile de Lavelege, écrivait peu de temps avant sa mort quelque chose de semblable dans *The Contemporary Review* : « Si l'homme n'est pas autre chose qu'un composé de matière, comment cette masse d'atomes de carbone, d'azote et d'oxygène peut-elle avoir des obligations à remplir ? Quelles obligations a donc à remplir le lion, le mollusque, la plante marine, la pierre qui tombe ou la tempête qui gronde ? Le matérialisme ne sera jamais capable de donner un fondement aux lois morales. Je puis imaginer une morale sans les formes particulières du culte de Dieu, mais non sans une foi en Dieu et à l'immortalité de l'âme. Si je ne tiens pas fermement ces deux vérités, il n'y a plus rien qui puisse raisonnablement m'empêcher de chercher mon plaisir et 'mon intérêt même aux dépens de mon prochain. »

Là où la conscience de l'immortalité est endormie, tout mouvement vers l'obtention du bien idéal est complètement paralysé. « Au contraire, écrit C. du Prel, la foi à l'immortalité doit nous exciter dans une large mesure à user de cette vie non pas pour l'unique avantage de notre corps terrestre, mais dans l'intérêt du sujet transcendant. A ce point de vue, le mot de Gœthe, que jamais un homme supérieur n'a douté de son immortalité, est absolument juste ; car nous ne pouvons arriver à cette hauteur de pensées, si nous considérons notre être seulement comme une matière périssable, et si nous pensons qu'il n'est destiné à vivre qu'un court espace de temps.

En défendant la valeur de la foi à l'immortalité pour le perfectionnement personnel comme pour la stabilité de la société, le Darwiniste G. Jäger a fait preuve de plus de zèle que de logique. Il ne connaît pas de moyen plus efficace pour l'un et l'autre de ces deux buts que la doctrine chrétienne de l'au-delà, exigeant que chacun prenne soin de son âme immortelle et par

conséquent travaille comme s'il devait vivre éternellement et vivre comme s'il devait mourir aujourd'hui. Il
ne craint pas d'appeler de son vrai nom cette sentence
matérialiste, qu'il faut pratiquer la vertu pour l'amour
d'elle-même, en la qualifiant de « phraséologie vaine
et ridicule. »

TABLE DES MATIÈRES

1353-11. — Impr. des Orph.-Appr., F. Blétit, 40, rue La Fontaine, Paris.

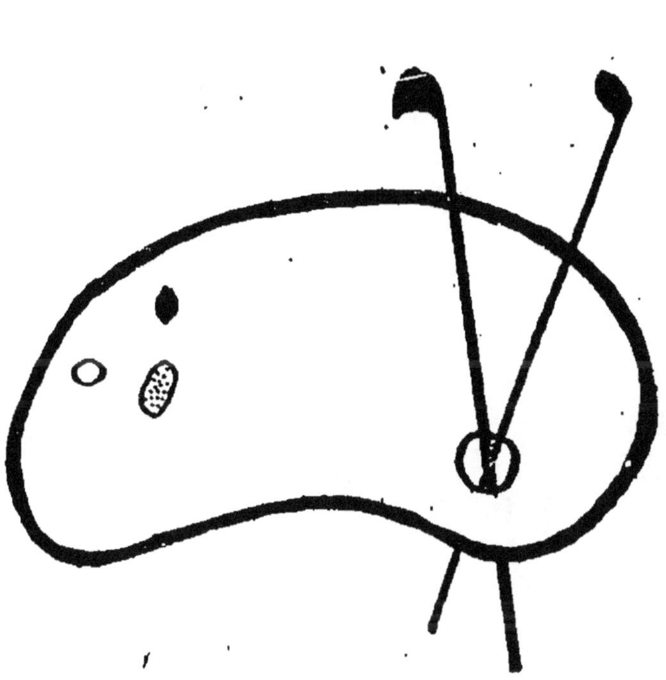

ORIGINAL EN COULEUR .

NF Z 43-120-8

9 782012 835924